U0314449

The Evolution of
the Bicycle's Role

自行车的
角色演进

肖金花　著

化学工业出版社

·北京·

内容简介

从工业社会过渡到后工业社会，所有的产品都在完成一个规律性的转变。自中华人民共和国成立至今，中国社会发生了翻天覆地的变化，产品的演进恰似社会变迁的历史见证。本书以自行车为切入点，从社会学的角度考察中国百年自行车"工具""玩具"的角色演进，寻找自行车角色演进的背景因素，在产品规律性转变的共通性上做些有意义的探讨。

本书适合产品设计、工业设计、社会学研究工作者或者自行车爱好者等阅读参考。

图书在版编目（CIP）数据

自行车的角色演进/肖金花著. —北京：化学工业出版社，2022.6（2023.8重印）
ISBN 978-7-122-41938-5

Ⅰ.①自⋯　Ⅱ.①肖⋯　Ⅲ.①自行车—史料—中国
Ⅳ.①U484

中国版本图书馆CIP数据核字（2022）第139381号

责任编辑：陈　喆　王　烨　　装帧设计：溢思视觉设计 / 张博轩
责任校对：刘曦阳

出版发行：化学工业出版社
　　　　　（北京市东城区青年湖南街13号　邮政编码100011）
印　　装：北京虎彩文化传播有限公司
710mm×1000mm　1/16　印张9　字数126千字
2023年8月北京第1版第2次印刷

购书咨询：010-64518888　　　售后服务：010-64518899
网　　址：http://www.cip.com.cn
凡购买本书，如有缺损质量问题，本社销售中心负责调换。

定　　价：88.00元

此书献给与自行车有故事的你

前言

　　从工业社会过渡到后工业社会，所有的产品都在完成一个规律性的转变。新中国成立前后、改革开放及市场经济体制的转型与发展，这段历程，中国社会发生了翻天覆地的变化，人们的生活方式、消费心理等都发生了很大的转变，产品的演进恰似社会变迁的历史见证，用无声却强有力的证据述说社会的改变。本书以自行车为切入点，从社会学的角度考察自行车的角色演进，寻找自行车角色演进的背景因素，在产品规律性转变的共通性上做些有意义的尝试。

　　本书对自行车的角色暂定为两类："工具""玩具"。工具、玩具的定义与《辞海》及相关权威著作中的定义有所不同，本书中"工具"界定为交通、代步、运输的交通工具，它提供的主要是物的使用价值；"玩具"界定为休闲、健身、运动的游戏器具，它提供的主要是物的精神价值。中国自行车百年发展历史便是在"工具"与"玩具"两者角色不断转化中形成。

　　自行车在中国最初是以游戏器具的角色介入人们生活当中，随后在很长一段时间内保持交通工具的角色，近年来，随着科技的进步、新材料的出现及市场需求的多样化，自行车在保持短程交通工具的前提下，逐渐向运动休闲玩具转化，并且在近年来有强劲趋势。自行车作为代步工具有许多优点，也有许多缺点，其速度有限、踩踏费力，不利于长途旅行和老弱、残障者及坡地骑乘，自行车要在日渐多样的交通工具中独占一席，特别是在当今汽车工业发达，出现"汽车热"的情况下，自身更应不断地转化角色以适应发展。本书从中国自行车角色演进，转化入手，研究转化背后的历史相关因素、自行车自身的发展及工业设计如何介入它的角色转化过程，为自行车趋势发展作一些可行性的设计开发提案。

自行车在新中国成立的前后50年，发展差距是非常大的。新中国成立前的50年，自行车的发展是灰色的，自行车角色基本上停留在"工具"的位置上。新中国成立后的50年，自行车的发展是非常迅速的，本书按时间划分四个阶段进行讨论：自行车作为工具的世界（1950—1978年）；自行车工具与玩具的追逐（1979—1989年）；自行车工具、玩具融合的天下（1990—2000年）；自行车工具、玩具精准、个性的发展（2001—2022年）。从20世纪50年代到70年代，自行车在交通工具中一直占据主导地位，改革开放是中国自行车发展的分水岭，自行车的直线走向开始出现分支，由原来的交通工具发展成为交通工具、休闲玩具两个支流，并且在改革开放后的20年，自行车从玩具对工具的激烈追逐到两种角色的相互融合，展示出自行车发展的丰富性、多样性。进入21世纪，自行车角色演进的特征更为复杂化，呈现多元、精准、个性的特点，"工具""玩具"之间的界限从模糊回归到清晰，表现为"工具"角色更精准纯粹、"玩具"角色更多元及个性化。作为工具，最大的变化是出现了区别于家用个人的自行车和共享自行车。作为玩具，自行车设计考虑人群更为细分，使用场景的挖掘更为细致深入。同时受各种新型短途代步交通工具的冲击，如平衡车、电动汽车，自行车角色也在做出改变。

本书的目的

1.帮助读者了解从工业社会过渡到后工业社会工业产品角色的规律性转变,了解角色规律性转变的背后影响因素。

2.梳理中国自行车设计百年历史演进。

3.阐述了我国自行车从初生期、成长期、发展期到稳定期四个阶段,人们对待自行车的不同消费需求、自行车的特征以及各阶段自行车"工具""玩具"角色的变化,探讨自行车未来发展趋势,为我国自行车行业的健康发展提供参考。

各章内容的摘要

第1章:自行车概述。主要论述自行车的角色界定、自行车发展简史、我国自行车发展历史和发展趋势,主要从社会学的角度考察自行车的角色转变,阐述自行车在产品转变的共通性研究和自行车细部研究是建立在对史料(文字、数据、图片)高度分析、综合、比较的基础上的。

第2章:自行车作为工具的世界(1950—1978年)。主要论述自行车作为工具的消费需求和相应特征,并对这一阶段自行车角色进行探讨。

第3章:自行车工具与玩具的追逐(1979—1989年)。主要论述自行车角色在改革开放十年间从"工具"向"玩具"的转变,同时对这一阶段的消费需求和自行车特征展开讨论。

第4章:自行车工具、玩具融合的天下(1990—2000年)。20世纪

90年代是我国改革深入的时期，经济社会发展迅速，这一阶段自行车角色演进的典型特征是复杂化。本章主要论述这期间自行车角色在"工具"与"玩具"之间不断融合，助推自行车新的发展。

第5章：自行车工具、玩具精准、个性的发展（2001—2022年）。进入21世纪，自行车的角色定位更为精准，"工具""玩具"之间的界限从模糊主导回归到清晰，表现为"工具"角色更精准纯粹、"玩具"角色更多元及个性化，本章主要对其展开论述。

第6章：自行车角色转化背景因素分析。本章对我国自行车百年发展变迁中的角色演进做了梳理，并从技术革新、大众消费社会的兴起、极限运动的兴起、绿色运动、休闲娱乐、生活方式、价值观等方面分析自行车角色转化的背景因素，论述了产品从工业社会到后工业社会角色规律性转变的共性因素。

第7章：自行车会消失吗？本章主要探讨未来自行车发展趋势，对其角色展开畅想。

肖金花

书于钱塘江畔　2022年3月

目录

第1章
自行车概述

　　自行车对我们每个人来说熟悉得就像空气一样，两个轮子上面支撑着几根金属杆，人们坐在上面就可骑行。如果要溯本求源，那么自行车最初是由独轮车（类似于哪吒的风火轮）发想来的，经历木制玩具马、充气式轮胎自行车、大小轮车，到第一辆标准的链轮驱动式安全车。从第一辆安全自行车至今已有百余年历史，自行车不管在结构上、技术上，还是在人体工程学上人们都作了许多尝试。今天，只要你想要什么样的自行车，立刻就会有人提供给你此类自行车，人性化已达到一个完美的顶点。但是，即使是资深的自行车设计师也坦言，自行车在结构、技术、人体工学上都已相当成熟，即便有碳纤维材料，也不可能把两轮结构做得离谱（三轮、四轮太阳能驱动自行车有可能成为21世纪自行车发展新趋势）。两轮结构似乎是最好的结构，事实上也的确如此。如果本书不从结构、技术、人体的角度去研究自行车，而是跳出自行车本身，从别的角度去研究自行车的演进，社会学，心理学？结果会怎样呢？

1.1 引言

　　工业体系社会给了人们丰富的物质体验，当社会经济发展到一定阶段后（伴随着物质的增长），单纯的消费并不能解决人们精神上的需求问题，隐性的、无形的价值成分在增加，用波德里亚的话来说：人们从来不消费物的本身（使用价值）——人们总是把物（从广义的角度）当作能够突出你的符号，或让你加入视为理想的团体，或参加一个地位更高的团体来摆脱本团体。在发达的消费社会中，当物质需求向精神需求（理性消费社会走向感性消费社会的必然结果）转变时，工业产品的有形功能（硬体）在趋于完善的同时，它的无形功能（软体）在当今人们"心理贫困化"的趋势下，突出到一个很高的地位。这种现象的出现是基于所有物品都具有的二元特性基础上。一方面，物品构成了社会和文化生活中的"硬件"，其具有一种内在的物质性和有用性，或者正如马克思所说的"使用价值"。吃饭是为了保证活着，穿衣服是为了御寒。另一方面，即使是那些最基本的物品，同时也扮演着日常生活中"软件"的角色，它们显示我们所赋予它们的含义，具有一种象征性的意义。今天，很少有物品会在没有反映其背景的情况下单独地被提供出来。消费者与物的关系因而出现了变化，它不会再从特别用途上去看这个物，而是从它的全部意义上去看全套的物。洗衣机、电冰箱、洗碗机等，除了各自作为器具外，都含有另外一层意义。与此同时，工业产品都在完成一个规律性的转变，只是在具体到个别产品时，这种转变有点差别，有些非常明显，有些是典型，有些是潜在的。

1.2 自行车角色界定

自行车在这个规律性的转变过程中是一个典型，具有代表性。借用舞台的说辞，我用了"角色"一词进行阐述。自行车从它的起源至今有二百多年的历史，可以用一句简单的话来概括：它是在"工具"与"玩具"间寻找归宿的过程。《辞海》中"工具"定义的第一条为："泛指从事劳动、生产所使用的器具"。这里，"工具"我们主要界定为自行车作为交通、代步、运输的交通工具，它提供给人们主要是物的（基本）使用价值；而"玩具"的定义与《中国大百科全书》中的定义有所不同，《中国大百科全书》中"玩具"指的是供人们尤其是儿童玩乐和游戏的产品，本书中"玩具"主要是从意识形态上去界定，自行车是作为休闲、健身、运动的游戏器具，但重要的是提供给人们物的精神价值（当然它的精神价值要依托于使用价值才能生效，它更注重的是一种享受心理）。

自行车便是在"工具"与"玩具"间不断地变换自己的角色来完善自己，走向今天的成熟。比较一下东西方骑自行车的环境，其结果是耐人寻味的。在西方，自行车最初是以玩具的形式介入人们生活当中的，有关自行车的史料记载都会有法国早期"玩具马"的介绍，英国工业革命以后自行车才成为西方人的日常交通工具，确切地说是工业革命带来了批量化生产，导致自行车普及。在西方国家，笔者未查询到汽车取代自行车成为人们热衷的交通工具的确切时间，但在20世纪50年代汽车成为人们所追求的东西而将自行车扔到一边却是事实。从表面上来讲，这一现象对一个经济学家来说是一件好事，因为如果人人都能买得起汽车的话，至少可以说明社会的物质财富在增长，经济在发展，人们的生活水平在提高；而对一个社会学家来说，抛弃自行车而选择汽车作为交通主体是一件痛惜的事情。

然而在东方国家，特别是中国和印度，自行车的发展和20世纪50年代西方国家的自行车发展有着惊人的相似。自行车在中国一直以来是人们的日常交通工具（当然自行车长期作为交通工具，在中国特殊的国情下投射在人们心里的是更具深层含义的东西，后文论述），自改革开放以来，自行车行业逐渐朝着娱乐、休闲方向发展，悄悄演变为玩具和娱乐工具，这种趋势在20世纪90年代后半期出现"汽车热"的情况下更为明显。和西方国家正努力地使自行车由玩具回位到工具的事实相比，中国正努力地想使自行车成为玩具的事实并不让人觉得可笑，反而使不少人产生了担忧。本书无意于探讨未来的主要交通载体是舍汽车而取自行车，还是舍自行车取汽车，因为这个问题在西方国家争论了几十年，也未曾有个好结论。笔者所关注的是：究竟是什么原因使自行车在"工具"与"玩具"之间不断来回游移？自行车在这当中充当何种角色？其自身又在发生什么改变？

1.3　自行车发展简史

人类发明自行车距今已有两百多年，自行车曾是世界上最受欢迎的日常交通工具，从"木马轮""会跑的机器""摇骨机"到前轮大后轮小的自行车，在第一代脚踏车发明之前，人们已采用多种代步方式。自行车从简单粗糙到今天的精致复杂，历经多个关键发展阶段，逐渐成为人们日常生活的一部分。

1.3.1　自行车雏形："木马轮"

在自行车诞生之前，人类唯一的陆上交通工具便是马匹，马与马车是当时的欧洲最重要的出行方式，如图1.1所示。随着工业革命的到来，人类首次开始运用技术，也看到了蒸汽动力的光明前景。人们意识到能为大众带来自由与便利的交通工具是可以被发明创造的。

图1.1　马与马车是当时欧洲最重要的陆路交通工具

1791年，法国人西夫拉克发明了最早的自行车，如图1.2所示。这辆最早的自行车灵感来源于西夫拉克雨天于街头漫步时，被飞驰的四轮马车溅了一身泥，这让他灵机一动：这么宽的四轮马车，为何不顺着马车切掉一半，让四轮车变成前后两个轮呢？于是便有了人类历史上第一架代步的"木马轮"。"木马轮"的结构比较简单，只有两个轮子，而没有驱动和转向装置，人骑在上面双脚蹬地以驱车向前滚动，改变方向只能靠下车搬动车子。

图1.2　西夫拉克骑着这辆自行车到公园兜风时，引得路人惊异和赞叹

1.3.2 现代自行车鼻祖：“会跑的机器”

1815年，坦博拉火山爆发，致使粮食收成不佳，马匹纷纷被饿死，这为“德莱斯车”（Draisine）的发明带来契机。1817年，德国人卡尔·冯·德莱斯（Karl von Drais）发明出一种可以代替马匹的交通工具——“奔跑的工具”（Laufmaschine），后来被人们称作“滑步车”（velocipede）或“德莱斯车”。德莱斯车是一辆两轮自行车，两轮大小相同，在前轮车架最前端上加有一根长长的旋转杆，骑车人可以通过它改变前轮方向，如图1.3所示。虽然仍旧需要用脚蹬地才能滚动，但解决了“木马轮”无法变向的问题，于是它一问世便受到了人们的青睐，而后迅速成为欧洲人喜爱的交通工具，法国人对其进行大量仿制，一时间，巴黎的街头巷尾涌现出大量的自行车。1818年，德莱斯为这项发明申请了专利，很快它被人们亲切地称为“漂亮马”。由此可见，在自行车发展史中德莱斯车是早期取得最大进展的自行车。

图1.3 奔跑的机器——德莱斯车

德莱斯车的成功并非一蹴而就，早在1813年，德莱斯就发明了一辆可载四人的四轮车，可供一名或两名乘客使用双手双脚操作曲柄提供动力，第三名乘客来操作转向把手。但这个发明却并不成功，无人在意他的发明，这令他大失所望，但他并不服输，开始研究一种新型无马马车，最终发明出德莱斯车。

据报道，德莱斯第一次骑自己的德莱斯车是从曼海姆（Mannheim）的市中心到郊外的一家旅馆（图1.4），第二次骑行从盖恩斯巴赫（Gernsbach）一直到巴登-巴登（Baden-Baden），一路有大批好奇的群众围观。当地的长官为了对德莱斯发明的德莱斯车表示嘉奖，决定授予他男爵称号，并聘任他为机械学荣誉教授。

图1.4　德莱斯骑自己发明的车

1.3.3 "摇骨车"

1860年，自行车又有了新的变化。1863年，法国发明家米肖（Michaux）敏锐地意识到两个轮子的车是未来自行车的方向，他制造了一辆新的自行车，在前轮安装了踏板，由此改变了自行车的历史。于是自行车可以转弯，也拥有了踏板，与现在的自行车更加接近了。

米肖设计的自行车外观漂亮，采用铸铁车架。而后因为铸铁车架过于沉重，并且容易断裂，所以后面制作的"米肖林"（Michauline）自行车采用熟铁车架。在一些人看来，是由于英国人在念法语米肖林时出现误读，致使他们使用摇骨车（boneshaker）的名字指代米肖林这一类的自行车。摇骨车名字的由来还有另一种说法。在英格兰，因为当时在崎岖的路面上骑行米肖林自行车，十分颠簸，身子摇摆不定，于是人们将其戏称为"摇骨车"，如图1.5所示。

图1.5　年轻人骑着摇骨车

起初，摇骨车并没有受到人们的青睐，记者给予的也全是负面报道，骑此类车出门的人时常遭到嘲笑。它最大的缺陷是自重27千克，车轮高度接近1米，这限制了每踩一次踏板车子前行的距离。

尽管摇骨车有很多缺陷，但不得不说骑着它有冒险的感觉，围观者也对骑手表示尊重。在英国，出现了一些摇骨车俱乐部，会员们甚至打算从伦敦出发，骑行至苏格兰北部的约翰奥格罗兹。这种既是同伴、又是竞争对手的感觉，让自行车运动开始风行，吸引年轻人纷纷参与比赛。在法国举行的长距离自行车比赛中，有四名是女性，波尔多甚至举办过一场女性自行车赛。

1.3.4　大小轮自行车

1869年，诞生了可转向的雷诺型自行车，其车架改由钢管制作，车轮也改为钢圈和辐条，采用实心轮胎，减轻了自行车骑行中的颠簸，也使自行车更加轻便。

1870年，自行车出现了异类。由于人们对自行车运动的兴趣与日俱增，人们对自行车赛的热情高涨，对车速的要求也更高。大多数人已经意识到，提升速度，必须增加驱动轮的体积，这一理念使得"爱丽儿普通"（Ariel Ordinary）自行车诞生。这一年的8月11日，詹姆斯·斯塔利（James Starley）和威廉·希尔曼（William Hillman）获得了改进脚踏车车轮以及制造驱动齿轮的专利，制造出爱丽儿自行车，也叫"大小轮自行车"（penny-farthing），如图1.6所示。大小轮自行车的名字来源于英国的便士（penny）和旧货币法辛硬币（farthing coins），前者比后者大很多，所以大小轮自行车有一个大大的前轮和一个极小的后轮，这种自行车的速度更快，但也因此使得骑手跌落受伤的概率增加。这是最早的一款高轮车，当时售价相当于一名工人8年的工资，为8英镑。大小轮自行车因其独特的设计，成为了19世纪最具标志性的自行车，英国至今还有penny farthing自行车比赛。

图1.6　大小轮自行车

根据自行车发展史专家安德鲁·里奇（Andrew Ritchie）的叙述，他称赞斯塔利"可能是自行车技术发展史上最具活力和创造性的天才"。大小轮自行车的出现，让英国在自行车技术领域领先其他国家80年，也让斯塔利赢得了"自行车工业之父"的称号。大小轮自行车有几处创新，如车头采用中心转向的形式，但沿用至今的创新则来自强大的车轮设计，过去的摇骨车为木质车轮，承受的是压力，而大小轮自行车安装的新型车轮承受着张力。他设计的于1874年11月12日获得专利3959的改进型切线辐条轮（图1.7）将车圈拉向轮毂，以便安装更大尺寸、更高强度、更轻质量的车轮。

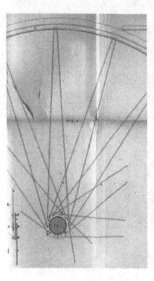 

图1.7 最简单但最有效的发明——辐条

图1.8 罗孚自行车

1.3.5 罗孚自行车

在大小轮自行车一统天下的时期，始终都有一种观点认为，新型自行车不应该具有危险性，也不只是爱冒险的年轻人的专利，而应该成为一种更舒适的日常交通工具，安全可靠的同时适用于所有年龄的人。

自行车的角色演进

年复一年，高轮车的危险性日甚一日，《骑行界》（Bicycling World）声称："一大批人出于安全的顾虑没能享受到自行车运动的乐趣，这个国家需要安全型自行车。"

虽然19世纪70年代末出现了许多其他车型，但都没能流行，直到1885年1月，英国的机械工程师约翰·肯普·斯塔利（John Kemp Starley）制造出第一辆著名的罗孚安全自行车（图1.8），采用链条驱动的后轮，才开启了自行车发展的新时代。

而在罗孚安全自行车诞生前，一个重要的尝试来自英国的师亨利·劳森（Herry Lawson）。1876年，他制造出的一辆"安全"自行车，让现代安全型自行车在发展史上迈出了第一步。其设计创新点在于驱动轮是后轮，用链条驱动后轮，这是一个很重要的进步。《自行车》（Cycling）赞美这款车："你抬起腿就能骑上车，就像骑上一匹小马那样。你想多慢就多慢，想多稳当就多稳当。即使在拥挤的街道骑行，也不必像骑高轮车的人那样必须下车。"但很遗憾的是，劳森的安全型自行车销量并不如人意，或许是因为它的成本高、质量大且设计复杂，尽管劳森于1879年又一次改进了一款新车，使用了"自行车"（Bicyclette）作为名字，但是它的销量如安全自行车一样惨淡。

重要的突破发生在1885年，斯塔利希望"骑手距离地面的高度更为适宜……鞍座相对位于更合理的位置……调整车把手于座位的位置，让骑手花费最少的力气，在踏板上形成最大的驱动力"，这些想法让他设计出了第一辆安全型自行车，随后第二代罗孚安全型自行车在斯塔利好友威廉·萨顿（William Sutton）的帮助下成功推出。斯塔利的设计使人在骑行时更接近地面，特点是前后轮的尺寸相同。前端有个较大的链轮或牙盘，与后端较小的链轮连在一起，采用链条驱动，后端链轮的作用是使蹬踏的转数加倍，这种传动设计可以使用更小的车轮。虽然更小的车轮会让骑行变得更颠簸，但老式实心轮胎将被即将到来的充气轮胎取而代之，这些都极大地提高了罗孚自行车的舒适度。他所设计的自行车形状与今天自行车的样子已经基本一致了。可以说，罗孚自行车是第一辆取得商业成功的安全型自行车。

而后的几年，德国曼内斯公司首次将无缝钢管用于自行车生产，劳森也完成了链条驱动式的自行车设计。1888年，爱尔兰的兽医邓洛普从医治牛的过程中受到启发，将橡胶管粘成圆形并打足气装在自行车上，这是充气轮胎的发端，如图1.9所示。充气式橡胶轮胎运用到自行车上后，因它能大大降低自行车骑行过程中的颠簸，上市后广受欢迎，它因此甩掉了"摇骨车"的恶名，如图1.10、图1.11所示。这是在自行车发展史中一项伟大的发明，之后充气轮胎开始运用到汽车轮胎领域，邓洛普相继开发出胎面带横向花纹沟槽的汽车轮胎，大大改善了在雨雪天湿滑路面行驶时汽车的抓地力，世人因他得到了安全舒适的交通生活，而赋予他"轮胎之父"的名号。

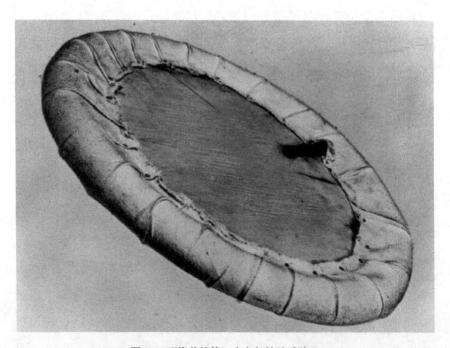

图1.9　邓洛普的第一个充气轮胎试验品

图 1.10　　因邓洛普充气轮胎而赢得比赛的自行车运动员胡莫

图 1.11　充气式自行车轮胎上市后大受欢迎

从 1791 年到 1888 年近百年中，自行车在这些发明者的努力下不断改进，终于成为了全世界人们现在生活中安全、可靠、简单、实用的日常交通工具。

1.3.6 自行车广泛发展

自罗孚安全自行车诞生，自行车得到广泛发展，在结构上也逐渐完善改进，到1925年全世界自行车产量达200万辆，其中英国占总产量的50%，成为当时的主要输出国。1884年，在《申江胜景图》中首次记载了中国开始出现自行车骑行的情景，如图1.12所示。1897年，中国开始从英国进口自行车；到1949年新中国成立，中国自行车年产量仅有1.5万辆；至20世纪80年代，中国共有自行车整车制造厂60余家、零部件厂千余家，基本上形成了完整的生产体系。

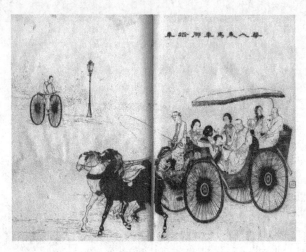

图1.12 《申江胜景图》中自行车骑行场景

1.4 自行车在中国

在寻究中国自行车角色转变原因之前，笔者认为有必要对其历史作个总结性的回顾。自行车最早于清朝末年传入中国，成为宫廷前卫的新玩意。新中国成立前，受政治、经济等因素的限制，中国民族自行车工业不管在产量、质量、品种、工艺上都远远落后于发达国家。新中国成立后，整个国民经济站在一个全新的起点，中国才算拥有了真正的自行车工业。随后的事实表明：中国自行车在伴随着经济增长的同时，逐步成就了今天的"自行车气候"（自行车王国的美称）。

20世纪50年代至70年代，自行车在交通工具中占有绝对主导地位，这一阶段自行车的特征是实用。改革开放是中国经济发展的又一契机，中国自行车的发展可以此作为分水岭，因为在此之后，自行车的直线走向开始出现分支，由原来的交通工具发展成为交通工具、休闲玩具两个支流。整个80年代，自行车还是以实用为主（作为交通工具），开始注重舒适性，尽管80年代初国外掀起了"健身热"，但对国内自行车的影响却不大，真正出现较为明显的分支是80年代后半期。1989年，国内自行车进入第一个饱和阶段，加之人们需求和消费观念的改变，自行车制造商和消费者都在为自行车寻找新的发展点，自行车在舒适性上有显著的突破。90年代是自行车发展最为迅速的阶段，这应归功于市场经济竞争的结果，这个阶段自行车的特征是实用加休闲，也就是工具中加入玩具的成分，虽然这种转变很突然，并且转变的时间也不长，但转变的节奏非常地迅速。玩具成分的增加至纯粹玩具的诞生，让我们更好地明白自行车是集人体工程学、生态学、人文学、美学、技术学等学科于一体的产物。近几年展现在我们面前的自行车令人眼花缭乱，自行车的材料、外形、颜色、功能结合、零部件都越来越贴近消费者心理需求，我们似乎可以用"个性化"这个词来表达。在所有的转变中，我们始终不能忽视一个事实：经济的增长带来了需求的丰富。

1.5 从社会学的角度考察自行车角色转变

前面我们讨论过：从工业社会过渡到后工业社会，所有的产品都在完成一个规律性的转变。如果工业社会可以用物质社会替代的话，那么后工业社会就可称为非物质社会，或者说是服务型社会，从物质社会进入到非物质社会，产品自身会有一个革命性的转变（产品的形式、功能会受到相当大的冲击），这种转变细究起来会非常有意义，但却不是笔者要在本书中谈论的，笔者要谈的是具体到一个产品（自行车），有明确的历史阶段，在这样一个大趋势下产品发生的转变。

新中国成立前后、改革开放及市场经济体制转型发展，这段历程，中国社会发生了翻天覆地的变化，人们的生活方式、消费心理都发生了很大的变化，产品的演进恰似社会变迁的历史见证，用无声却强有力的证据述说社会的改变，例如自行车、手表、电视机。自行车对于出生在1940—1960年的人来说，体验是极为深刻的，因为它包含太多难以忘怀的记忆。在那个物资匮乏的年代，自行车作为珍贵稀有之物，它传递给人的情感价值远远胜于它的使用价值。20世纪50年代至70年代，自行车一直是流行商品"三大件"之一，买自行车是当时人们最想实现的消费计划。进入80年代，"新三大件"取代"旧三大件"，自行车渐而转入普通老百姓能消费得起的日常用品行列。90年代，自行车出现了两个明显的发展趋势：一方面，自行车朝娱乐、休闲方向发展；另一方面，在增加机动车作交通工具方面，轻骑车和摩托车的生产应用逐渐展开，汽车制造商也行动了起来，自行车作为交通工具的地位再次受到冲击。

在不同的年代，自行车也会有不同的角色对应，自行车的演进至少可以在某一点上反映人们生活的变迁，同样投射出人自身的改变（包括价值观、行为方式、精神需求）。自行车在中国百姓眼里是普通得再也不能普通的商品，然而正是这种普通与熟悉，让我们想起了过去，让我们体味着今天，也让我们向往着未来。自行车的演进历程从某一侧面可以反映中国社会发展的历史。从社会学角度出发，研究自行车角色演进的背景因素将是本书后面章节重点阐述的，规律性的转变有它的共通性，即使具体到个别产品时其表现形式会有所不同，但共通性是存在的。本书以自行车为切入点，希望能在共通性上做些有意义的尝试。

对中国自行车历史和发展趋势的概述，其实不乏其文，有心人能找出许多例子，即便是平常人也能切身感受到自行车的变化，"两轮世界"深浅不一地影响着你、我、他。但细究起来，自行车是怎么变的，到底变成什么样了，为什么会变？我们可能还想不明白。因此，宏观的历史总结固然重要，但深入细致的研究（细到一个车把、座垫、轮胎）会来得更为清晰与深刻，有具体内容又易于理解。

本书对自行车产品转变的共通性研究和自行车细部研究，都是建立在对史料（文字、数据、图片）高度分析、综合、比较的基础上。

第2章
自行车作为工具的世界
（1950—1978年）

　　国际自行车品种每年都有变化，五年一大变。1965年以前是以普通车为主，1966—1970年小轮车发展很快，1971—1975年轻量车占上风，1976—1980年多速车盛行，1981—1985年是BMX越野车的黄金时代，1986—1990年MTB山地车迅速发展，1991—1995年既有赛车速度、又有山地车越野功能的混合车崭露头角，1996年至今，折叠车、小轮车是人们生活的新亮点，国际自行车朝高档次多品种方向发展。我国自行车产品结构走向紧随其后，现今基本上和国际同步。与国际自行车发展趋势相比，我国自行车产品结构几经调整，从不尽合理到相对合理。有三个重要时段影响我国自行车的发展：新中国成立初期到改革开放前（1950—1978年），改革开放的十年（1979—1989年），20世纪90年代（1990—2002年）。

　　新中国成立前，我国自行车的发展是灰色的，从1897年第一辆英国造自行车输入中国开始，自行车便是"洋货"的天下，随后有1910年德国、1917年日本自行车进入中国。20世纪30年代国产车的出现，并未冲击到"洋货"，民族自行车工业在列强入侵的年代是极其落后的，自行车数量、质量、制造技术远远跟不上需求，品种只有普通车一种，款式以模仿国外品牌为主，如仿英国"三枪"牌、"菲利浦"牌，仿德国"飞鹰"牌，如图2.1所示。这个时期主要有两个车型值得介绍：一是1940年昌和时期生产的"铁锚牌"自行车，如图2.2所示，规格均为26英寸，全是黑色的油漆涂装；

二是1945年时的"扳手牌"自行车，如图2.3所示，主要为28英寸镀铬男车和26英寸弯管女车。

图2.1　同昌车行生产的自行车

图2.2　昌和时期"铁锚牌"自行车　　图2.3　1945年时的"扳手牌"自行车

20世纪50～70年代，自行车处于交通工具的霸主地位，其品种以普通车、载重车为主，普通车和载重车外形相似，载重车由于需要载重，因而稳定性能好。60年代中期，16英寸小轮车曾流行过一段时间，它以结构小巧、重量轻、携带方便、重心低、上下车容易、慢速行驶稳当等众多优点和适用性，受到一些较高层次消费者的喜爱。后来因为诸多因素影响加之有些加工工艺尚未过关，颇受欢迎的小轮车渐渐消失。虽然早在1965年我国已能生产轻便车、赛车、小轮车，但其所占的份额是很少的，使用对象也是少数的特殊人群（如运动员）。总之，这个时期是载重车的天下，而且是男式载重车（710mm）居多。

2.1　对应消费需求

20世纪50～70年代，人们的购买力低，自行车产量也不高，1978年我国自行车产量只有854万辆。人们购买自行车首先考虑价格，其次是质量、款式和功能，希望自行车牢固耐用。随着科技的进步和新材料的出现，自行车轻量化的需求日益突出。

2.2　对应特征

这个时期与消费需求对应的载重自行车特征是：车架长，载物时便于从前边跨脚上车；前叉坡度大，增加了稳定性；衣架粗，更适宜载重物；车把加宽，载重物时依然操作自如；由于装置保险杆（单杆、双杆），增加骑行安全系数；后轮辐条加粗和采用载重轮胎，使载重量达170千克以上。还有一些应对特殊需求的特加重自行车，能载重200千克。

2.2.1　永久PA13型自行车

值得提出的有两款自行车。一是永久PA13型自行车（普通车），如图2.4所示，外号"锰钢"，是北京人对它的昵称，产于1955年。1955年是我国全面发展的一个崭新高峰，对产品讲究精益求精，永久PA13型是这一年的顶尖产品。因它是锰钢车架，所以骑行轻快灵巧、疾驰无声，"锰钢"车前后流行了20多年，不仅因为它自重轻（与钢、铁车架相比），质量好，还因为每个用户都与它建立了"特殊"的伙伴关系。

2.2.2 永久ZA51型邮电车

永久ZA51型邮电车，如图2.5、图2.6所示，产于1962年，它是在载重车的基础上进行改进，特点是长车架、宽车把，因其载重量大，上、下车方便，稳定性好，坚固耐用，骑行轻快，深受广大农村用户的欢迎。它按照我国传统习惯漆成绿色，前泥板由普通型改为"钢盔式"，并略微放长，前后泥板均喷上金黄色的"邮电"二字，车把正中则刻有邮电专用标记。另外，供应农村邮电系统使用的车子，后轮衣架左右各配有一副活络货架，载货时可放下，不载货时可折叠起来。1966年邮电部门指定"永久"为邮电通信专用自行车的定点生产厂，生产51型乡邮、城邮车。

图2.4　永久PA13型自行车　　　　图2.5　永久ZA51型载重车　　　　图2.6　永久ZA51型邮电车

2.3　对应角色

2.3.1　"时髦的高档日用品"角色

20世纪50～70年代，人们把自行车视为"时髦的高档日用品"。说它时髦是因为我国改革开放后的1983年平均每百人拥有自行车才15.4辆，改革开放前就更低了，自行车是人们很难买到的产品，拥有它自然觉得时髦。说它高档是因为这个时期整个社会百姓家里几乎没有什么具有技术含量的日用品，购买自行车几乎要耗去家里大半年，甚至是一两年的收入，经济的因素把自行车归入了高档用品。自行车在那时功能非常单纯，扮演的角色为"工具"，主要供人们交通、运输。另一方面，人们在尝试购买自行车的过程中深刻地体会到"工业券""购物券"的滋味，因此购车的种种艰辛，使人们对自行车产生了异样的感情，人与自行车更多地维持着亲密的伙伴关系，同时也使人们对自行车产生了超越自行车产品本身的东西，那就是我们今天最乐于谈论的话题：产品的附加价值、象征意义。在那个年代，人们拥有一辆自行车的心理和今天人们拥有一辆汽车的心理几乎是差不多的，自行车的拥有不仅给了个人许多"有形"的价值，也有很多无形的价值。

2.3.2 "工具"的角色传递"玩具"的心理

20世纪50～70年代人们对自行车的体验既简单又微妙，它代表的是"工具"，却给人"玩具"的心理，因为在那个年代，对自行车的设计意识是极其薄弱的，可以说和"产品附加价值"沾不上边，但它却引导出附加价值的作用，这个问题的关键不在于自行车自身的因素，而在于社会因素。换句话说，如果那时没有载重自行车，只有小轮车，那么小轮车同样会起到这种作用。今天，对出生于20世纪40～60年代的人来说，对自行车更多的是抱一种"怀旧"心态，这是否可以从一个侧面说明：载重自行车从80年代中期占自行车产量的百分比直线下降至1998年的最低点4.2%，而后从1999年比重开始回升的原因呢？载重自行车经历了一场长期、激烈的淘汰赛，而成为人们一直关注的车型保留下来，其原因是很值得人们去探讨的。

第3章
自行车工具与玩具的追逐
（1979—1989年）

  改革开放以来，中国社会发生了翻天覆地的变化。经济的增长使得社会物质资料日益丰富，由此也引发出中国社会的第一次消费浪潮。在从"传统"走向"现代"的过程中，那些更具传统特征的行为规范、心理状态等非经济因素或非物质文化的东西也发生了改变。在这样的社会背景下，自行车的变化和社会的变迁都在持续进行，只不过自行车的变化来得更为具体。20世纪80年代自行车最为显著的变化是"工具"开始进入"玩具"的世界。

3.1 对应消费需求

1980年以后，我国自行车工业发展十分迅速，年产量由1979年的1009.51万辆增加到1988年的4122万辆，平均每年递增19.2%。因此，人们选购自行车的空间大大拓宽，选择自行车首先考虑的因素是质量，然后是价格、款式、功能。对自行车的需求突出在"三新"上，即新款式、新品种、新色彩，出现多样化、多层次的需求。多样化表现在：① 农村市场仍以载重车为主，自行车除了作代步工具以外，作交通运输工具的比重很大，农民希望有更多用途的农用车出现，但在县城和一些比较富裕、道路条件较好的地区，轻便车受到青年人的喜爱；② 城市中以轻便车为主，小轮车再次受宠，主要原因是女性骑车者和中学生骑车上学者增多；③ 80年代之前，我国多速车、运动车、山地车主要用于出口，但为了骑行轻快，80年代末有相当一部分中青年人很想购买轻便的多速车，运动车和山地车在青少年中也有一定要求，但不少均当小轮车使用；④ 人们对自行车内在质量提出更高要求的同时，对表面色彩也有了新的需求，不但要有一般的彩色车，同时还希望在一辆车上有镶拼颜色。

多样化的另一面体现在多层次上，我国南方和北方、山区和平原、农村和城市、男和女、青少年和中老年、购买力高和低、学生工人和农民，由于使用条件不完全一致，因此对自行车提出多层次需求。

3.2 对应特征

20世纪80年代是自行车大发展、大普及时期，1979年以后花色品种增加迅速。从80年代中期开始，自行车作为单纯"工具"的比重直线下降，但它还是居于主导地位，但自行车作为"玩具"已初步形成一定数量和规模。1979—1989年，710mm载重自行车在自行车总产量的比重处于下降趋势，主要原因是：1984年我国钢材和能源出现紧张局面，载重车由于用料多，售价不高，不少企业大量压缩载重车产量，由原来总产量的60%下降到30%；轻便车比重迅速上升，80年代后半期轻便车成为自行车市场的主角，这主要归因于自行车消费对象的扩大，80年代以前，自行车的使用者主要是男性，80年代后不少城乡女性，尤其是女青年普遍对自行车产生了兴趣，城镇青年女职工骑自行车已司空见惯，农村中名牌自行车则成了陪嫁必需品，因此女式车、彩色车、小轮车大量涌现；1986年开始小轮车出现苗头，至1989年间形成了一个幅度很大的上升曲线；80年代末期，多速车、运动车、山地车初露端倪，如图3.1、图3.2所示。

图3.1　MTB山地车　　　　图3.2　"凤凰"20英寸BMX越野车

这个时期自行车的特征是：载重自行车变化不大，只在自行车的稳定性能和载重量上提高；轻便车品种、规格丰富，色彩多样，有28英寸轻便车、26英寸高档男女轻便车、彩车，自重轻，装潢新颖美观，骑行轻快；多速车、运动车、山地车以引进和模仿国外车型为主，以优美的造型和协调的色彩制胜，吸引年轻消费者。总之，80年代自行车主要有三大特征：一是自行车品种增多；二是自行车花色从黑色为主发展到多种色彩和一车多色，由单色向多色和复合色变化；三是自行车款式有明显的变化，体现在设计意识的掺入，并逐渐突出。下面重点介绍2款车型。

3.2.1　永久QE301、QE401型自行车

　　永久QE301、QE401型自行车，如图3.3所示，突破男式28英寸、黑漆的框框，造型美观大方，设计新颖别致，富有时代感。这个系列的轻便车骑行轻快，舒适稳健，电镀光洁、色彩艳而不俗，制动灵活可靠，即使跑长途也没有疲劳感，深受消费者喜爱。

图3.3　永久QE301、QE401型自行车

图3.4　永久SC654新型赛车

　自行车的角色演进

3.2.2 永久SC654新型赛车

永久SC654新型赛车，如图3.4所示，于1989年上半年研制成功，是具有国际水平的、新颖的封闭轮公路赛车，自重轻、强度高，已能达到国际运动赛车"高、精、尖"的水准。

3.3 对应角色

3.3.1 自行车由高档消费品转为一般消费品

20世纪80年代自行车品种丰富，首先应归功于社会经济的发展，人们生活水平的提高，人们具有一定的社会购买力，才能对自行车形成多样的消费需求，刺激自行车行业的发展。品种的多样，对应的自行车的角色自然就会变得复杂。80年代，自行车的主导产品是载重车和轻便车，载重车仍然占据重要地位而没有退出历史舞台，主要是农村有广大的消费需求，它对应的角色依旧单纯、明确（为交通代步工具）。因自行车的普及，早期载重车具有的"社会价值"隐退，反而给人样式单调、色彩陈旧的感觉，这与自行车消费地位的转变分不开。自行车在我国一直被列为高档消费品，和手表、缝纫机并列誉为"轻工三大件"，在城乡居民的社会消费中占据着举足轻重的地位，改革开放以来，随着社会主义市场经济的迅速发展和人们生活水平的不断提高，一些价值大、价格高的商品（如摩托车、彩电、电冰箱、录像机、空调、钢琴等）陆续进入了人们生活的消费领域，使价格相对低廉的自行车逐步成了一般消费品，它在社会消费中的地位也日益下降。

3.3.2 双重角色的轻便车

这个时期另一主导产品是轻便车，轻便车塑造的角色有两面性，既有"工具"的特征，又有"玩具"的表现。首先作为"工具"，它主要承担交通、代步的功能角色。在城市，轻便车以自重轻、品种多、款式新、色彩丰富等众多优点吸引消费者；在农村，由于交通工具种类的增多（如摩托车）、道路修建的加速，致使载重车的运输功能下降，从而吸纳一部分农民骑轻便车。轻便车作为"玩具"的角色，可以从下面两点说明：一是轻便车自身的骑行舒适性，它的"实用功能"相对弱化，而"玩具"的因素在渗入，但它表现得不很明显，"工具"与"玩具"的距离很大。另一方面自行车在中国"一车多用、一车多人用"是很正常的事，平时骑车上班，周末骑车逛街，没事骑车绕城转转，碰上孩子要郊游，正好暂用一下。事实上，骑车闲逛、郊游的活动都可视为休闲的方式，轻便车便具有这多种功能的特点。

20世纪80年代，轻便车充当"玩具"的角色并不为人们所看重，人们更主要把它界定为便捷的代步"工具"，扮演"工具"的作用大，所以会有80年代自行车仍是"工具"占主导地位的结论。随着交通设施的完善，人们生活方式的改变和休闲时光的增加，轻便车作为"工具"的比重在下降，作为"玩具"的比重在上升，两者之间的距离在缩小，逐渐向今天角色更为复杂的城市休闲车转变，这是一个很精彩的过程。

3.3.3 小轮车代步工具

小轮车在20世纪80年代后期再次流行，主要原因是学生用车的迅速增加，为学生上学代步用，从这点看小轮车应归属于"工具"行列。小轮车在国外是休闲、娱乐的"玩具"，进入中国，它却完全换了方向成为"工具"（如果细究的话，这个时期小轮车的特点和轻便车类似，某种程度上小轮车也带有"玩具"的特征），这点并不奇怪，正如多速车、运动车、山地车一样。80年代末，多速车、运动车、山地车开始在国内较富裕城市的青少年中流行，但他们不少人却把它当作小轮车使用。我们知道，多数发达国家一直视自行车为"玩具"，发达国家的消费品和消费方式对发展中国家具有一种示范效应，多速车、运动车、山地车在中国首先是从模仿国外自行车车型开始，但仅停留在形式上的模仿，尽管如此，人们依然能从中体验到许多美妙的感觉，虽然不是从骑多速车做冒险运动中获得的。

20世纪80年代，多速车、运动车、山地车还是以高档品的姿态出现，它们本该属于"玩具"的角色，在中国却成了"工具"，它们具有"玩具"的"社会价值"，却不是从"通过多速车自身本该具有的使用价值而可以引导出相应的社会价值"的方式获得(如骑山地车作危险的下坡赛，以得到别人的认可)，这正可以体现中国自行车的发展特色，因为从这个时期开始，中国自行车的发展出现了明显的分支。

第4章
自行车工具、玩具融合的天下（1990—2000年）

  20世纪90年代我国改革开放走向深入，经济和社会发展变化巨大，我国开始进入真正意义上的消费社会。人们消费物质的过程中，消费观念和消费文化也在产生变化。20世纪的最后十年浓缩了中国社会百年的发展与变迁。

  20世纪90年代对应自行车角色演进的典型特征是复杂化。"工具"与"玩具"之间的界线变得越来越模糊，"工具"在向"玩具"靠近的过程中，其距离值时正、时负，或接近于零，这也是自行车复杂化的反映。这期间是"工具"与"玩具"进入融合的时期，两者在融合中不断寻找出自行车新的发展点。

4.1 对应消费需求

20世纪90年代，自行车已进入稳定发展时期，自行车产品结构本身在不断变化的同时，自行车消费结构也向着轻便、小型、彩色、新颖、多功能方向转变，人们在选购自行车时考虑的因素逐步趋于多元化和复杂化，质量、品牌、价格的影响力虽不及以往，但款式和色彩已逐渐占据一个相当重要的地位。改革的不断深入和人们生活水平的不断提高，我国消费市场越来越呈现繁荣的氛围，第三次消费新浪潮的兴起，正值20世纪和21世纪交会之际，这个时期市场的发展使自行车的消费需求出现了新的内容。

在第一次消费新浪潮掀起时，自行车在不知不觉中被推上了主体商品的霸主地位，自行车行业也随之迅猛发展，自行车消费是一个家庭的长远消费计划；第二次消费新浪潮开始时，自行车的市场霸主地位已受到冲击，自行车市场渐趋饱和，出现市场疲软现象，自行车由高档耐用消费品转向日常普通消费品；而当第三次消费新浪潮兴起时，自行车行业已成熟多了，经得起市场的挑战。对应这个时期，自行车的消费需求有如下特点：① 年龄消费特征显著，老年人和中小学生为安全起见，喜欢骑轻便小型的自行车，青年人对款式新颖、色彩艳丽的流线型、轻便型车更为偏爱，如山地车开始流行时主要被35岁以下的青年人买走，而后出现青年学生消费潮，中年消费者则大多选购质量可靠的普通轻便车。② 消费需求多样化，随着第三次消费新浪潮需求观念的变化，自行车消费需求出现了多样化的特点。功能表现：自行车在代步功能需求的基础上，娱乐、健身、旅游等多功能需求日渐强烈。地域表现：城市改造动迁房增加，居民住所向郊区靠近，导致白领和学生用车增加；随着农村道路的改善和农村建设的持续推进，农村自行车消费需求的城市化倾向也越来越鲜明，而不再是清一色的载重车和普通轻便车。消费对象表现：消费对象层次多，按年龄、职业、性别等细分为不同的消费需求，贴近消费者心理。③消费观念改变。第三次消费新浪潮的到来，使人们的消费观念从生存型变为发展型和享受型，因而对商品的功能需求大大外延，自行车不再仅仅是作为代步和运载工具，注重舒适性和娱乐性等休闲消费的特征越来越清晰，自主消费意识明显增强，与此同时消费心态也发生了深刻变化：名牌观念淡化，消费者购车的随意性增强，一看式样，二看价格，最后看品牌；价格制约性缩小，我国自行车整体价位不高，特别是自行车转向日用消费品后，只要款式新、色彩艳，贵点儿消费者也愿意购买；消费者喜好与国际接轨；个性化消费强势。

4.2　对应特征

20世纪90年代自行车发展最为迅速，总的趋势是：载重车产量比重继续下滑，1998年是它的低谷（占总产量的4.2%），1999年略有回升，所占份额微不足道；1989年，我国自行车产量出现第一个减产年度，自行车的重头产品轻便车产量相对压缩，出现短暂的下滑现象，轻便车所占自行车产量比重由20世纪90年代初逐渐回升，至90年代中期达到最高点，也是所有自行车品种中占比重最大的车种，1995年轻便车再次出现下滑趋势，至1999年也未有回升的迹象，不过轻便车仍占据相当份额，90年代末比重接近总产量的三分之一，如图4.1所示；20世纪80年代末90年代初小轮车曾盛行一时，整个90年代小轮车的波动比较大，前半段产量比重迅速下降，后半段产量比重迅速上升，形成一条波幅大的曲线，整体趋势还是上升曲线，90年代末小轮车的比重已超过轻便车的比重，成为最有发展潜力的车种之一，如图4.2所示；多速车、运动车、山地车波动也很大（三段式），1993年以前其产量比重一直处于上升势头，1993—1996年比重一直下降，1996—1999年又曲线上升，起伏不断，90年代末其比重已超过五分之一，多速车、运动车、山地车同样是极有生命力的车种，如图4.3～图4.6所示。

20世纪90年代自行车的对应特征可概括为：展示个性化、体现人性化、发展多样化、追求时装化。

图4.1　女式轻便车

图4.2　小轮车（折叠式旅行车）

图4.3　26英寸男式十二速山地车

图4.4　26英寸女式十二速山地车

图4.5　26英寸休闲车

图4.6　公路赛车

4.2.1 展示个性化

个性化是仁者见仁、智者见智的事，它也是精神层面上的需求，对应到自行车上就由具体的细节来演绎，如异形车架、变速系统、避震前叉、贴标设计，附件有配套骑行的头盔、眼镜、服装。自行车车架是整车的主体部分，它有许多限定因素，如五通中心位置、五通高度、中管角度、上管角度、车头管角度、轮胎大小、齿数比等，不同用途的车种，车架就有不同的要求，自行车经过多年的发展，已形成一套完整的车架设计原理。我国在20世纪90年代以前，车架基本上是"菱形""U字形""双S形""四边形"，90年代中期开始有变化，"栅栏形（可折叠）""Y形""十字形""不规则形""踏板车型"以及"超大型"等结构独特的车架大量涌现，如图4.7～图4.10所示。异形车架的出现是90年代后半期开始的，特别是近几年。折叠车架是在折叠自行车热潮掀起之后产生的。异形车架首先是以新材料、新技术为基础，从使用材料上分析，高科技含量的复合材料，如碳纤维、碳玻纤维、铝合金、钛合金等已逐步取代普通钢材，如图4.11所示；从制造技术这一角度来看，一体成形和组合式部件将会有很大发展。与老面孔相比（菱形车架），异形车架在外观设计上确实有很强的视觉冲击力，能很好地满足骑行者的个性需求。

图4.7　菱形车架

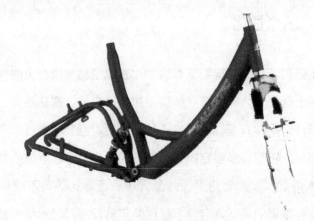

图4.8 "L"形车架

图4.9 "Y"形车架

图4.10 小轮折叠车架

自行车的角色演进

图 4.11　碳纤维车架

　　车架另一个"出彩"的地方便是它的贴标设计，标纸同样能体现个性化，并且恰当的标纸设计能为车架个性增色不少。我国 20 世纪 90 年代以前，自行车上几乎看不到贴标设计，能称得上的贴标只有自行车厂的标志（如"凤凰""永久""金狮"），贴标设计完全被忽视，如图 4.12 所示。90 年代以后，贴标的地位日显重要，标纸的形状、色彩、装贴部位，要求逐渐严格、规范，甚至标纸的命名也要和车型相配，标纸的内容越来越丰富、设计越来越精细到位，如图 4.13、图 4.14 所示。标纸的作用是充分把不同车型的不同之处表现出来，这就是在体现自行车的个性。

图 4.12　"金狮"标纸

图4.13 "GIANT"爱丽丝标纸

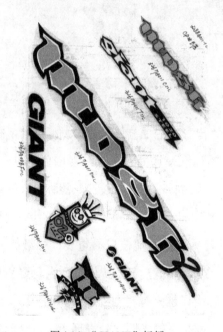

图4.14 "GIANT"标纸

对自行车的速度追求一直是引导自行车发展的主线,相应的便是它的变速系统。20世纪90年代至今,自行车的变速系统级别越升越高,功能越来越强大。拨链器机构变小,导板加长,造型更趋流线型,变速控制器也已由原先的下管、把立管式演变为把横管顶置式,现已发展为定位式。变速挡次由原先的十二至十八速提高到十八至二十一速,有的甚至二十四速,车把、车闸和变速控制器向着导向、制动、变速一体化的"控制中心"的方向演变。90年代,旋转式和射击式变速控制器是

自行车的角色演进

山地车中最流行的两种变速控制器，如图4.15所示。一体式多功能车把已在2001年亮相，2001年第11届中国国际自行车展上名为"Smartbar"一体式多功能车把，如图4.16所示，设计新颖、结构独特、操作简便，在设计上彻底冲破了传统车把设计"框架"，因而车把外观设计与众不同，"个性"凸显相当强烈。

图4.15　旋转式变速器

图4.16　"Smartbar"一体式多功能车把

"避震前叉"也是一个自行车彰显个性的地方。自从避震技术问世以来，避震前叉在自行车上应用越来越广泛，特别是山地自行车的避震前叉应用历史相对来讲最长久。20世纪90年代中期山地车在我国开始流行时，并没有配挂避震系统，至今绝大多数山地车仍然没有，如图4.17所示。原因很简单，因为在我国山地车基本上是在平地骑行，因此没有避震的需要，但这并没有削弱避震技术的吸引力，反而吸引那些追求个性的人去强烈追求。90年代后期至今，我国的自行车避震系统由前叉避震发展到全避震，朝着更轻、更坚固、更便宜的方向发展，如图4.18所示。

图4.17　无避震前叉　　　　　　　图4.18　避震前叉

4.2.2　体现人性化

人性化同样有"百家之说"，对应不同的人会有不同的理解，就

　自行车的角色演进

自行车来说，人性化更多的是基于人体工程学上的考虑，即如何让自行车骑行更舒适。自行车发展百余年历史，人体工程学方面的研究已很成熟，现在依然朝着更为精细的方向发展。我国20世纪90年代至今，自行车的人性化仿佛一夜之间冒出来，人性化的标牌随处可见。整车中有两款车型特别值得介绍：内三速轻便车和城市休闲车，如图4.19、图4.20所示。轻便车（同4.21）是我国90年代的主要车型，内三速轻便车适应消费者对自行车产品的舒适性和娱乐性需求，它的普及与发展和内三速系统的特征分不开：① 经久耐用：因精密的变速系统密封于坚实的花鼓壳内，保证消费者能够安心地享受优质的变速性能。② 操作简单方便：采用定位快拨变速杆，保证骑行中变速挡位一目了然、变速操作得心应手，是享受舒适骑行的安心设计。③ 变速准确平稳：保证变速一步到位。④ 个性翩然：传动及变速件采用密封内藏安装，骑时无直接接触传动变速系统之患，是表现个性、潇洒骑乘的最理想系统。变速系统使自行车的骑乘更加轻松有趣，款式更加美观新颖，运动性能更加优异。

图4.19　内三速轻便车

图4.20 城市休闲车

图4.21 轻便车

自行车的角色演进

城市休闲车是在轻便车的基础上衍生出来的（20世纪90年代末在中国开始流行），但它有明显标榜自身的特点，它的出发点是以人性化的观念进行设计的，朝更舒适化方向发展：搭配超软的舒适座垫、短立管、后倾的把手可配合站姿、低行驶阻力加上坚固耐用的车胎以及易拆卸改装的零配件，并且可以舒服自在地骑车。城市休闲车有一个更为流行的名称：舒适自行车，这个车型成为自行车厂家占领市场的必争车型。

对自行车零部件及其附件进行人性化的剖析，会让我们更清楚地知道自行车人性化研究的深入及趋向。

（1）首推座垫

座垫是最能体现人性化的部件，从解剖学和人体工程学上考虑男女性别的差异，座垫越趋舒适化，功能越为细化，有山地车骑行专用座垫（且有山坡、下坡座垫之分）、公路车骑行座垫、休闲车骑行座垫、健身车骑行座垫等，且它们之间有明显的区分特征,如图4.22～图4.26所示。山地车座垫，一般配有优质合成橡胶制撞击减震器以及一种质地相当厚实且又耐压、避震的缓冲软垫，前端部呈狭长形，后端部比较宽阔，这样使骑车者蹬车骑行时更加轻松自如，同时使座垫能有效支承骑车者整个人体重量。公路车座垫具有耐摩擦、耐撕裂特点，同样附有减震装置。休闲车系列座垫，以外观造型符合人体工程学原理，缓冲垫层丰满，舒适感强以及配备凝胶材料制鞍面为一大特色，装置在座垫上的人工合成橡胶避震器可有效吸收因路面坎坷不平而产生的剧烈震动和振荡，且座面左右两侧变形也相当匀称。健身车座垫也有为体重较轻者和体重较重者设计之分。

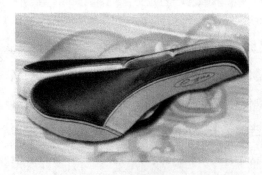
图4.22　山地车座垫

图4.23　下坡车座垫

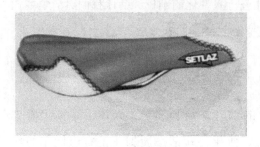
图4.24　公路车座垫

图4.25　休闲车座垫

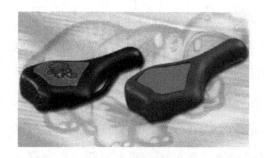
图4.26　表演车座垫

　　与以往双立簧软面座垫、三立簧硬面座垫等仅有的几种单调且乘坐不舒服的座垫相比，近几年座垫以流畅的造型、独特的结构，配以不同的鞍面材料，营造出"轻松和舒适"的骑行方式。

（2）新宠儿——自行车避震器

自避震技术产生以来，避震器应用到自行车上主要为山地车所用，且大多采用钢制弹簧避震、气动避震、液压避震或钢制弹簧/气动、或气动/液压避震等避震方式。20世纪90年代末，避震器开始应用到轻便车、城市休闲车等一般车型上，避震方式全新改变，这就是现在流行的"弹力避震器"，如图4.27、图4.28所示。弹力避震器是采用板条式弹性元件制成的避震器，使传统自行车刚性结构改进为柔性结构，充当避震器上"主件"的板条式弹性元件具有体积小、重量轻、无摩擦、反弹速度快、生产成本低、避震效果显著、骑行舒适感强等多种特性。在压缩-反弹过程中，板条式弹性元件可将自行车震动时所产生的能量，部分转化为向前的推力，因而骑车者在骑行过程中就颇有"骑行平稳、舒适，且轻松、省力"之感。值得一提的是：这种自行车避震器对众多自行车骑车者，特别是作长距离骑行的骑车者，具有极其明显的缓解疲劳之保健功能。避震技术在自行车上应用本身就是人性化的体现，而它的推广更表明人性化趋向的加强。

图4.27　后叉避震器

图4.28　前叉避震器

（3）车灯及尾灯

　　20世纪80年代以前，自行车车灯主要供夜幕中行车照明和避撞示警之用，有电池灯和摩电灯两种。随着交通道路和照明设施的完善，车灯从有到无消失过很长一段时间，及至90年代末城市休闲车的兴起再次呼唤车灯的出现，让骑车者更安心骑行。90年代以前，自行车尾灯是个不起眼的"小兵"，固定在后挡泥板上，功能性差，外形简单。90年代中期以后，"小兵"重用，尾灯的功能加强，明显的变化是示警灯扩展到左右转向灯，且发光时间长、亮度高，可视距离远，如图4.29～图4.31所示。安装位置的突破，使尾灯的功能扩大：座垫下面、踏板侧面、挡泥板端部、车钥匙上……尾灯在安全性能越趋强大的情况下，如图4.32、图4.33所示，向着更人性化且具个性化的方向发展（尾灯的闪烁非常引人注目）。

图4.29　车灯

图4.30　尾灯造型（一）

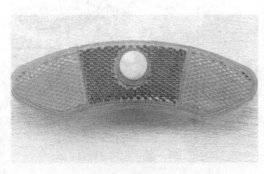

图4.31　尾灯造型（二）

图4.32　安装在挡泥板端部的尾灯

　　自行车的角色演进

图4.33　安装在踏板侧面的尾灯

（4）挡泥板

挡泥板的作用很重要。20世纪90年代挡泥板也顺应人的需求作出相应的变化，外形多样、色彩丰富、装饰性强是与以往明显的不同之处，更为重要的是其功能的细分。根据不同车型设计不同截面、形状的挡泥板，专一性突出。我们现在可以见到针对MTB、ATB设计的挡泥板，针对下山车设计的挡泥板，针对避震或弹簧避震前叉设计的挡泥板，针对V形刹设计的挡泥板，同时还有适合各种座垫、调节角度、调节范围的挡泥板，如图4.34～图4.38所示。如此专业的挡泥板，绝不是厂家随意推出来的，任何一位骑行者都能寻到你想要配备的挡泥板，这是否也可以说明挡泥板的人性化呢？

图4.34　避震挡泥板

图4.35　下坡车挡泥板

图4.36 为避震前叉或V形刹设计的挡泥板

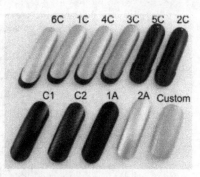

图4.37 彩色挡泥板

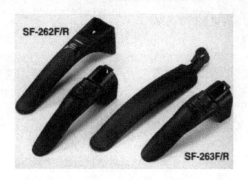

图4.38 可调节范围的挡泥板

（5）精彩纷呈小铃铛

20世纪90年代以前，车铃没有太多的变化，主要为扳铃、转铃两种，这两种车铃声音响亮，报警性好，但铃声太响又过于嘈杂，且其内部结构复杂，外形单一。因金属件长期使用易生锈，响铃性能大大降低，甚至失去铃铛的价值。车铃虽小，但它同样大有文章可作。90年代以后，车铃的响铃方式、安装位置日趋灵活多样，结构更简单，使用者可方便地自行装配与安装。特别推出的是手指铃，它已完全脱离了自行车，独特的设计，轻易地穿在一个手指上，非常方便使用。工程塑料的应用，极大丰富了车铃的外观（卡通、仿生、几何、贴纸造型），并且加强了车铃的防锈性能，如图4.39～图4.43所示。

图4.39 "手指"铃

图4.40 车铃安装方式

图4.41 仿生造型铃铛

图4.42 贴纸造型铃铛

图4.43 卡通造型铃铛

（6）另一个不起眼的"小兵"——脚蹬

20世纪90年代，脚蹬的演进也与自行车的鞍座、挡泥板一样，随着车型的丰富逐渐细分出一般及专业级自行车脚蹬（公路车脚蹬、山地车脚蹬、攀爬车脚蹬、城市车脚蹬、轻便车脚蹬……），功能日趋强大：可防滑、防震、防脱落，并且能安全方便地卡入脚蹬。脚蹬的外形同样令人眼花缭乱，虽然它被踩在脚下，不易被人发现，但脚蹬皮的花纹、脚蹬皮两侧的装饰及是否要花纹都非常考究，如图4.44～图4.47所示。最新脚蹬的发展更加人性化，不仅可以适用多种车型，而且一般及专业级自行车使用者穿普通鞋及专业自行车鞋都可理想骑行。

图4.44 多用彩色脚蹬

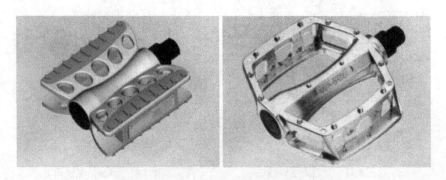

图4.45 城市车、旅游车脚蹬和攀爬车脚蹬

图4.46　可调防滑、防震脚蹬

图4.47　健身车脚蹬

其实我们还可以寻到很多体现人性化的细节：如无内胎车胎系统将取代有内胎车胎系统而成为主流，它表现出很大的优越性。V形车闸在外观、结构上对老式普通闸、线闸、脚闸等车闸的冲击，如图4.48所示。车把手也根据不同车型设计不一样的把手，如适合山地车骑行的一字把（图4.49），适合公路赛的羊角把（图4.50），适合场地赛的牛角把（图4.51），以及应用非常广泛的燕把（图4.52），车把根据需求细分，同时也在不断完善，贴心设计，如将能搁放手臂的多功能山地车车把取代易使双手疲劳的"一字"把，如图4.53所示，小飞燕、大飞燕到加宽加大型车把；同样是燕把，根据不同的用途，在长度、上扬角度等方面均有很大区别，如需要攀爬、速降的车型所装配的燕把长度通常在70cm以上，而休闲车使用的燕把则较短，且有更高的上扬角度，更加向后弯曲，以保证骑行者获得更加舒适的骑姿。针对把套也进行了材质、手感、花纹走向、舒适度的深入研究等（图4.54）。诸如此类，也许有些是技术革新的结果，但没有技术的支持，自行车的人性化将会失去基准点。

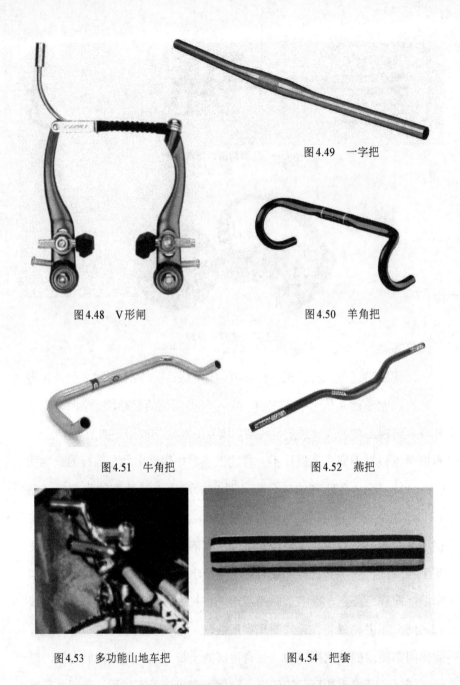

图4.49 一字把

图4.48 V形闸

图4.50 羊角把

图4.51 牛角把

图4.52 燕把

图4.53 多功能山地车把

图4.54 把套

　　个性化、人性化的深入终将会引导出对人的心理需求的研究，自行车的个性化、人性化通过自行车将人们精神层面的东西物化，通过更为具体的零部件细节对其进行解析。

4.2.3 发展多样化

我们现在至少可以列出以下种类的自行车：多级变速轻便式自行车、微型折叠式自行车、"舒适型"城市自行车、全避震MTB自行车、旅游休闲自行车、双座串用式自行车、可躺式自行车、多功能健身自行车、电动自行车、铝合金或复合材料制造的赛车、BMX自行车、运动车、载重自行车、童车、三轮自行车以及"环保概念型"和"混合型"自行车等。20世纪90年代，自行车品种的丰富不仅表现在品种数量的增多上，还表现在同一车型的系列化上，如轻便车有男式、女式、普通、高档、多速轻便车之分，山地车有普通、高档、男式、女式、儿童、下坡、全避震、单避震之分。几类重点车型介绍如下。

（1）山地车

山地车是我国20世纪90年代中期流行至今的车种，如图4.55所示，这个车种的流行和山地车在世界范围内的兴起有关，当然它的影响力同样波及中国。在中国，山地车主要还是以普通山地车为主，高档的专业山地车还不多见，但山地车的强劲发展趋势我们早已领略。从整车结构上看，山地自行车车体和前叉结构粗壮结实，前叉翘度小，采用方锥中轴和无销曲柄链轮配合可靠、双悬臂强力刹车可靠安全，轮胎粗宽耐磨、整车轻、附件少，简洁实重，适应"登山"要求。从外观款式上看，山地车款式显得风格粗犷、精巧美观，油漆件十分鲜艳、电镀件光亮，涂装采用多色调、多色涤纶贴花，图案字形也日趋简练、醒目。

这一时期在全国大中城市，经常可见飞驰而过的山地车，山地车的强大生命力还表现在中国有众多的生产厂家，很多人认为山地车骑起来比道路车舒适很多，这就解释了为什么山地车能被消费者快速接受和普及开来的原因。道路车通常被称为十速车或赛车，其轮胎较窄，齿片较少，以及"流线型"车把，使得骑行者在骑行中不舒适。相反，山地车轮胎显得更坚固稳定，齿片多50%，其端正的骑行位置使得大多数人视野更宽、感觉更自然。因此现在许多款式山地车是专门为众多休闲者和城市居民骑行要求设计，而不是作为非道路车使用。我们现在通常称的山地车是指有26英寸轮胎，最少18齿和直（平）式把为特征的自行车。

图4.55　山地车

（2）"混合车"

到目前为止，国内少有"混合车"的提法，这主要在于"混合车"外观和山地车极为相似，如图4.56所示。确切地说，"混合车"是由消费者推出的一种车型，特征是：拥有山地车的外观和山地车的骑行姿势，是一种集中了山地车和运动车特点的装有平直式山地车车把、前后挡泥板、多挡变速（三级链轮）、宽轮胎的混合型自行车，以多种用途而得到消费者的青睐，它既有运动车的轻巧，又有山地车的坚固。"混合车"重要的是舒适，是指舒适的座垫和直立的骑行姿势。国内继山地车流行之后开始流行"混合车",虽没有"混合车"的说法(我们更多地提"仿山地车"),但有"混合车"特征的车型却能找出很多,特别是近几年,"混合车"这个还没有正名的车型,以它的优点很快成为热门的品种。

图 4.56　二级传动仿山地女车

(3) BMX自行车

在我国习惯称BMX车为攀爬自行车,如图4.57所示,这个车种随着自行车攀爬运动在我国流行而流行。20世纪90年代初,攀爬运动最早出现在深圳和北京,随着时间的推移,特别是近几年,多数大城市都有人参加这项活动,并且年龄越来越小。攀爬自行车分为两种,一种是特制车,车轮只有20英寸大,后轮胎很粗,中轴下装有专用来防盗的护盘,没有变速器,是专为攀爬设计的车。另一种山地车,和越野车比较,攀爬的山地车车身上管很低,后叉较短,中轴较高,不用避震装置,牙盘外侧装有保护圈,选用较宽的后车圈。

图4.57　BMX攀爬自行车

（4）微型折叠式自行车

　　种种迹象表明折叠车将会越来越普及，如城市边缘化扩展，高层住宅的兴起，集公交、地铁、轻轨、出租车"一条龙"完善的交通系统，远程白领上班族的迅速增加等。20世纪90年代，我国折叠自行车时涨时落，主要因素是折叠技术的影响。90年代中期，折叠车继山地车、"混合车"、城市车流行之后开始流行。折叠车会流行源于它自身的特点：折叠后体积小、重量轻、存放携带方便又安全。也正是因为这些特点促使折叠车不仅在小轮车上，也在山地车、轻便车、城市车等其他车型上广为应用，如图4.58所示。以往折叠自行车的发展路线非常清楚：对折叠后体积的追求；对折叠与展开的操作速度的追求；对骑行速度的追求。微型折叠自行车是近几年折叠车的发展新方向，也是针对我国国情应运而生的车型，它的特点是采用普通常用的机械折叠机构，废弃一些为快速折叠而设置的多余零件。为了将折叠后体积缩至最小，前后两轮均选用小轮径，采用特制的少牙连珠飞轮，并且配置特大链轮，使传动比尽可能增大，因而骑行可达到20英寸单飞轮自行车速度，特别适合老人及女性骑行。

图4.58　折叠自行车

图4.59　多功能健身车

（5）多功能健身车

自行车原本就是极佳的健身工具，经常骑自行车可使全身各个部位得到锻炼，预防多种疾病。20世纪90年代初我国兴起健身热，"银发"市场活跃，人们开始注意身心健康问题，愿意花钱买健康，因而健身车逐渐被提到议事日程上来，如图4.59所示。健身车经过多年的演进和发展，由简单的只有车把、车架、脚蹬、鞍座、单只轮子的固定健身车，发展到高级的、由电脑控制、能调节负荷、显示耗氧状况、显示心肺和脉搏功能的健身车，有的还带有录像系统，身置室内同样能领略到外界各种风光景物，给人一种真实感，以提高训练兴趣。但多功能健身车由于其操作并不简单易行，以及显示屏上晦涩难懂的专业训练术语，使许多健身者并不能达到真正的健身效果，且它只能局限在室内，它的外形和自行车比较起来还是有很大差距。最新的健身车发展方向是在自行车上做文章，把健身车搬到室外，操作方式更加灵活、简单、有趣（如手脚并用健身车），使人融于自然，达到身与心的健康。

（6）载重自行车

现在提载重自行车似乎是个让人觉得年代久远的问题。其实，载重自行车真正退出历史舞台走向末流的时间并不长，而让我们感到年代久远的问题恰恰在于：正是这短短的十年时间，有太多款式新颖、别致的车种出现，它们从多维的角度满足人们的需求，锁住和吸引人们的目光，人们并不在意载重自行车消失与否，这也可以从另一个方面说明20世纪90年代自行车发展的多样化。载重自行车虽走向末流，但它从未从我们的眼前消失过，21世纪初载重自行车再次涌现，虽不像以往成为经典而流行，但载重车在自行车多样化的发展中成为一个亮点却并不意外。

20世纪90年代末至今，载重自行车外观没有太多的变化，明显的发展趋势是载重方式更加灵活多样，使用人群的分布有所拓宽，与载重功能相关的更多予人方便的细节更加突出，如有车灯、打气筒、绑货带、"双裆"的配置，货架的外形、装配方式的突破等，如图4.60所示。载重车的另一个走向是功能的分化。21世纪初，载重车沉寂好几年后，再次成为新的亮点，"载重"的概念和以往有些不同，在原有的28英寸、26英寸型载重车、28英寸乡邮车的基础上，出现了载重旅游车、城镇小三轮车等载重功能弱化但又不能缺少的新车型，如图4.61所示。

图4.60　载重自行车

图4.61　城镇小三轮车

（7）童车

20世纪90年代中后期，童车一跃成为自行车市场的一支新军。家长舍得在孩子身上花钱，这对童车的发展来说应该算是个不小的刺激，童车自身也在不断发展以满足日渐增长的消费需求。从款式来看，近年来，成人自行车市场涌现的许多新潮车，儿童自行车均已拥有，如山地车、运动车、越野车等均已登台亮相，规格有12英寸、16英寸、18英寸、20英寸等，形成系列化，花色则由以蓝、绿、红等色为主，发展到果绿、粉红、浅蓝、天蓝、黑色等多种颜色和一车多色，车身一般采用童趣化的色彩和图案，其俏丽已不亚于成人新潮车，又显示出儿童这一年龄层的特色。从质量看，由于引进技术和制作工艺水平的提高，新潮童车都采用轻质、高强度铝合金、钢管等优质新型材料，轻便耐用。童车在内在质量提高的同时，其外观几乎是成人车的"缩微"，像涨闸、齿轮传动、车篮、车铃、赛车式车把等已和成人车一样繁复、多样，如图4.62所示。

（8）城市休闲车

再次提出城市休闲车是因为其将会成为未来的主流，如图4.63～图4.65所示。城市休闲车的发展重点也是对舒适性的追求，这是个很有发展潜力的车种。

图4.62 永久儿童自行车

图4.63　城市休闲车（一）

图4.64　城市休闲车（二）

图 4.65　城市休闲车（三）

图 4.66　大小轮车（一）

图 4.67　大小轮车（二）

图 4.68　双踏板车

图 4.69　三人自行车

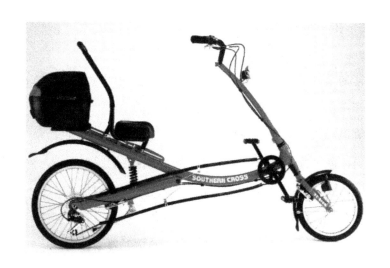

图4.70　斜躺式自行车

图4.71　无座健身车

　　自行车多样化发展是个必然的趋势，除以上常见的车种外，特种车的崛起是多样化的另一个表现。特种车在我国虽不多见，但其发展速度是迅速的，在21世纪初短短的一两年内涌现出双人车、三人车、母子车、大小轮车、双踏板车、无座健身车、半周链传动自行车、适合所有人骑行的城市车……特种车会随其生产和销售渠道运作系统的成熟，同样成为未来强有竞争力的车种之一，如图4.66～图4.71所示。

4.2.4 追求时装化

　　追求时装化，这是个很显然的发展趋势。20世纪90年代以前，我国自行车花色以黑色为主，附有一些单纯的颜色，如大红、蓝色、墨绿等。90年代以后，自行车花色发展到多种色彩和一车多色。整车方面：涂装工艺不断改进，使自行车油漆颜色的选择范围越来越广，逐步跳出传统色的限制，颜色的纯度、亮度与流行色结合得越来越紧密。这个时间段曾流行过镶拼色、高纯度鲜艳色、灰色、粉色，到现在透明色的流行，颜色的具体变化因车型的不同而有所差别，最能让我们感受到时装化趋势的应该算是山地车。

　　山地车原本就属运动车型，它需要鲜艳、亮丽、视觉冲击力强的色彩，而山地车的骑行者以年轻人居多，年轻人有追求个性、追求时髦的天性，两者的结合把山地车的时装特征演绎得淋漓尽致。零部件及附件方面：如果要分析近年来自行车零部件的演进特征，时装化便是其一，因为我们随时、随地都能感受到这个特征的存在。从彩色自行车轮胎、彩色座垫到彩色挡泥板、链罩、车铃、把手套、彩带、脚蹬，甚至齿盘、辐条，从全套骑行服（包括头盔、护目镜、手套、衣服、鞋）到自行车专用包、水壶、气筒等附件，每一部件都说明色彩对产品外观有强烈的引导作用，如图4.72～图4.77所示。我们可以选定彩色轮胎来具体阐述零部件时装化的演绎。山地车、运动车配置彩色轮胎是近三年内流行起来的，彩色轮胎品种主要有双色轮胎、单色轮胎、磨花轮胎、彩边胎、迷彩轮胎（童车专用）以及斑马花纹轮胎等，轮胎色彩极为丰富，红、黄、蓝、青、橙、紫等各种颜色几乎应有尽有，且色彩极为艳丽，花纹设计新颖、造型独特，富有新鲜感，轮胎花纹除有三角形、箭头形、菱形外，还有网状形、斑马条纹形、盾形等，而且花纹设计均具有方向性。彩色轮胎最早推出时，一定程度上是为了满足青少年赶时髦、猎奇、标新立异的心理需求，自行车是否配有外观刺眼、色彩艳丽的彩色轮胎和他们穿一件是否具有个性特征的衣服投射在心里微妙的感受一样，它在展示个性的同时就已流露出时装化的迹象。

图 4.72　彩色轮胎

图 4.73　童车轮胎

图 4.74　全套骑行服

图 4.75　把手彩带

图 4.76　彩色齿盘

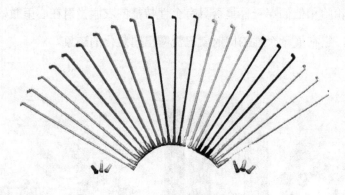

图4.77 彩色辐条

4.3 对应角色

20世纪90年代,中国自行车进入"工具"与"玩具"融合的年代。这个时期我们首先要面对的便是一个自行车角色难以界定的棘手问题,自行车多样化的发展带来角色的多样化。纯粹的工具与纯粹的玩具处在两个端点或附近位置上的车型较少,既有工具成分又有玩具性质的"双重角色"车型大量涌现,工具与玩具的界线越来越模糊,两者之间的距离值渐趋于零在未来并不是遥远的事。如果要把自行车与人的"心理距离"(人们内心承认的自行车角色)考虑进去,那自行车原本复杂的角色会变得更扑朔迷离。

4.3.1 纯粹的工具

载重车、普通轻便车作为工具,提供给人们的依然是交通、代步、运输等功能,它的实用价值并没有因为玩具的冲击而减弱,反而有所加强。载重车在20世纪90年代末降到最低后不再下降,它保持这个比率有一段时间,因为人们对载重的功能还是存在需求,并且它的使用范围重新分布，近几年载重车回归中、小城市，完全取决于它的使用价值，与之相对应的另一个车型是三轮车。事实上，三轮车在农村的普及程度远不及中、小城镇，虽然它的运载功能强于载重自行车，这跟城乡路况差别、三轮车车速有很大关系。规格小、座高小、骑行安全的小三轮车进入城镇小家庭是在90年代中后期，近几年，它的主要使用对象是老年人，主要用途是运载少量物品。

相对于载重车、三轮车纯粹的工具角色而言，普通轻便车"纯粹的工具"角色却该有所保留。从20世纪80年代到90年代，轻便车的代步功能日趋明晰（载重功能弱化），向单纯的工具靠拢时，原有一些隐性的具有休闲成分的功能（如舒适的座垫配上舒适的骑行姿势）却日趋明显，从这个角度看，轻便车并不能归属于纯粹的工具。根据我国的国情，轻便车作为代步工具，或者功能再简化，向单纯的工具靠拢，或者功能再复杂，向玩具靠拢。这个时候它将被另一种车型——城市休闲车取代，而它的对应角色也将发生质的改变。

4.3.2　纯粹的玩具

纯粹的玩具应该由两方面来解构：自行车本身具有玩具的特征；使用者以玩的心态诠释自行车特征。满足以上两个条件的车型至少可以列举三种：童车、攀爬车、健身车。其实，细究起童车的角色，它的演绎会是一出很精彩的舞台剧。童车是孩子在骑行中寻找乐趣，它有"交通"概念的表现：有起始点，行走一定的路程。但它却不是真正意义上的"交通"，因为它没有终止点，童车是无目的骑行，即使行程再长，它也没有一个有效位移，用物理学的术语来说，它在做"无用功"，当它从起点开始又回到起点时，位移为零，相当于没"做功"。然而真正骑童车并不在于骑行"有无做功"的结果，而在于骑行的过程，正是这个有趣而又可随意终止的游戏过程，让孩子乐此不疲。

纯粹的玩具就攀爬车来说，我们更易于理解，因为相对于"骑"攀爬车的人，人们更乐于讨论"玩"攀爬车，一个"玩"字点破攀爬车角色的基调。玩车需要技巧，有玩的要领，例如如何兔跳、勒马跳、凌空跳，如何后滚翻，如何180°及360°旋转。玩车不受场地限制，街头、巷尾、路边、广场、石阶上、楼梯口都可尽兴地玩，玩车更为重要的在于玩的过程，在向极限挑战时超越个人心理障碍所获得的惬意感或成就感，而玩车为更多青年人所热衷、喜爱的原因是：游戏极限已成为一种时尚、一种都市文化的追求。与此同时，一辆适合练习攀爬技巧的自行车价格并不是很贵，从事这项运动对提高青少年身体各方面素质，都有很大好处。能够在课余的休闲时光，做一项有益于身体健康的体育运动，使孩子脱离沉迷的电子游戏，可以说，攀爬车作为纯粹的玩具，是在孩子、家长、社会各方认可且乐于接受的情况下流传开来的。健身车作为一种简单易行的锻炼方式，它可以是一种自我放松的需求，也可以是一种自我审美的需求。

4.3.3　双重角色车

要剖析双重角色自行车的特征，难度大多了，不仅因为具有这个特征的车型多，而且每个车型又都有其特殊性。自行车双重角色的复杂性、多样性在我国表现得淋漓尽致，我们可以找出三条显见的主线。

（1）玩具成分偏向的工具

这样的提法似乎有点自相矛盾，工具就该是工具，担当工具的角色，玩具就该是玩具，担当玩具的角色。玩具成分偏向的工具描述的是在中国这类自行车会因不同的时间、不同的地点、不同的人（或相同的人）而展现出不同的角色，甚至还有可能是两个反差强烈的角色。当然，我们要认清它首先是工具这一基本前提，我想这与东方人的感性思维是有关的，对待事物都用相对感性的思维对待，而不会理性地把"事"与"物"隔开，能用一辆自行车代步、旅游、健身，何乐而不为呢？

它的代表车型是折叠车和小轮车。20世纪60年代，折叠车曾在世界范围内流行一时，然而折叠车并不吸引人。折叠车进入中国，命运同样不理想，至90年代中后期才开始有流行的迹象。目前折叠车在国内仍不普遍，人们主要用它作短途代步、短程出行，这是它表现工具的一面。折叠车在国内毕竟还是少数，当大街小巷、校园内出现一辆折叠车时，人们总是投以欣赏、羡慕的眼光，这在无形中向周边的人透出一个信息：骑折叠车不是在骑自行车，而是在"骑"一种感觉，一种令人舒适、享受的感觉。这是否和六七十年代人们拥有一辆载重车、普通车的心理相似？另一方面，折叠车主要为年轻人、白领、学生所购买，这部分人的行为方式对流行的形成极具影响力，同时又是易受国际潮流影响的群体。"四轮加两轮"是国际近一两年内最为流行的生活方式之一，这"两轮"指的便是折叠车，开车到郊外旅游，折叠车作为备用玩具。这种生活方式对目前国内年轻一代很有吸引力，虽然还难以实现，但折叠车作为一种即兴玩具的角色已深入人心，并且人们期待"假想角色"成真。

小轮车在中国主要为老年人、中小学生代步使用，它的出发点是安全骑行。一个有趣的现象是越来越多的年轻人加入到骑小轮车的行列。与山地车相比，小轮车车速远不及山地车，并且小轮车适宜身材较矮小者骑行，是什么原因吸引年轻人的加入？除小轮车原有特点外，其玩具化转向却是主要原因，如借用童趣化轮胎、采用避震车架，折叠机构的融入，使玩具特色更为显著。

（2）工具成分偏向的玩具

与玩具成分偏向的工具对照，这类车的情况正好相反，它是玩具，用玩具来扮演工具的角色。看到这里，也许我们都有一个问题：为什么中国人喜欢把玩具当工具用，工具当玩具使，而不溯本求源各尽其职？在中国，自行车提供多种职能，不但各尽其职，而且各尽多职。这正是在体现自行车双重角色的复杂性和中国自行车发展的特色。用轻便车也是可以做赛车运动、去旅行的，但它不能让人体验到痛快的赛车时速感觉，不能让人体验到折叠车给人的方便。如果能够同时拥有轻便车、赛车，那是最好不过的；如果不能，就只好面对现实。

它的代表车型：山地车、城市赛车、城市休闲车。山地车在国外是纯正的玩具，进入中国，人们也认同它的玩具属性，然而山地车不是在山路上骑，而是在城市的平坦地上骑。山地车本来的用途是到公路以外的崎岖山路上运动、旅游、冒险，在平坦地上根本发挥不了山地车的优越性，但人们却依然乐于在平坦地上骑行。事实上，人们要的只是山地车而已，只要能充分展示自己的个性、与潮流同步，在哪骑都无所谓，有此前提，人们把山地车当代步工具用就不足为怪了。

山地车运动在我国虽然有广泛的群众基础，但它起步晚，专业级山地赛车手很少。大多数人都用普通山地车代步，不仅因为高档的专业山地车价格昂贵，而且山地车在城市里转向交通工具时，它许多优良的配备根本派不上用场，如避震前叉、多级变速、轮胎爬坡能力。因而高档山地车向普通山地车转变、向工具转变，为更多人使用。

与山地车顺应潮流的发展相比，城市赛车应该算是个"失败者"。赛车虽然是件令人兴奋的事，并且人们也认为骑赛车的姿势、赛车的感觉令人向往，然而当人们真正买一辆赛车回去时却发现，赛车用的机会太少了，享受的时间、地点有限。如果你想随时、随地并持续地获得享受，就必须忍受一定的不便，因为赛车的骑行姿势很容易使人产生疲劳。于是城市赛车试着向工具转变，让人有充分的时间且舒适地享受赛车，如把窄轮胎加宽、把手抬高、前后轮中心距缩短等，而一旦这些具有典型赛车特征的部件改动以后，就不再是赛车了，失去自己特色的同时也失去了自身的价值。到头来，城市赛车只能恢复原状。城市赛车在中国没有流行和普及，和其没有选好一个角度、定好角色来满足中国人的口味有很大关系。

随着人们休闲时光的增加、休闲方式的丰富，城市休闲车应运而生，人们用它作短期的、小范围的旅行、出门。城市休闲车是在轻便车的基础上衍生而来，虽是未来极有竞争力的车型之一，但目前国内还不多见，其角色的演进还难以定论。城市休闲车以舒适的座垫、舒适的骑行姿势，用作短程代步、购物会是个很受欢迎的工具角色。

（3）工具与玩具并重

自行车朝多功能方向发展的结果是：必定会有处在工具和玩具之间的车型出现，工具与玩具的角色并重，融合在一起。对自行车而言，工具与玩具的角色虽日趋模糊，难以区分，但工具与玩具在相互转化时并没有出现"四不像"的问题。混合车是介于山地车和运动车之间的车型，兼具两者的优点又强于两者。混合车首先是休闲车，对消遣的骑车人有吸引力，较之山地车，它更适合在平滑的路面上骑行，因为它质轻；较之运动车，它的直立骑行姿势舒适很多，而不用弯着腰骑行，集中精力于车把的颠簸抖动。当然它不是个折中产品，而是自成一类的新车型，混合车更是在日常生活中非常实用的车型，它一般配有衣架、支撑、挡泥板、灯、包等实用附件，人们可以骑它去上班或作舒适的消遣。混合车是工具与玩具结合得非常好的车型，它有可能在未来取代山地车成为普及车型。

第5章
自行车工具、玩具精准、个性的发展
（2001—2022年）

  进入21世纪，社会迈入信息大爆炸的时代，由于信息化、网络化和全球化的飞速发展，传统的消费观念和消费模式已不适应当今及未来的消费需求。经过二十多年的改革开放，人们的生活水平逐渐提高，人们的消费结构在转型升级、消费观念在变革，体现在消费层次上升、消费领域扩大，追求个性、情感及绿色消费。这一时期，社会各个领域发生深刻变革，出现了新的、可持续的消费模式和消费理念，促进自行车的设计发展和角色改变。

  进入21世纪以来，自行车角色演进的特征更为复杂化，呈现多元、精准、个性特点，"工具""玩具"之间的界限从模糊主导回归到清晰，表现出"工具"角色更为精准纯粹、"玩具"角色更为多元多样及个性化。作为工具，最大的变化是出现了区别于家用的公共自行车和共享自行车。作为玩具，自行车设计考虑人群更为细分、使用场景的挖掘更为细致深入。同时受各种新型短途代步交通工具的冲击，如平衡车、电动汽车，自行车角色也在做出改变。

5.1 对应消费需求

进入21世纪，运动健康产业保持着良好的发展态势。自行车作为运动健康产业发展的中坚力量，整个行业开始步入成熟期。

随着我国的社会经济发展，人们对自行车的种类和质量不断提出新要求，不同人群骑自行车的目的也不同。因此为了满足不同人群的消费需求，自行车市场不断丰富发展，在已有丰富的车型基础上［如普通自行车、轻便车、折叠自行车、儿童自行车、公路自行车、山地自行车、多人自行车、母子自行车、小轮车（BMX）、健身自行车等］，出现了更多新的类型，如宠物自行车、降速自行车、"死飞"自行车、技术车、场地自行车、电动自行车、共享自行车、公共自行车等。每出现一个不同的自行车类别，在其背后便会有相适应的人群。

5.1.1 自行车工具视角的消费需求

从自行车"工具"角度出发，普通自行车、折叠自行车、公共自行车等，在交通、代步方面发挥重要作用。最常见的普通自行车，适用人群广泛，男女老少皆宜，发展历史悠久。骑行时舒适度高，但速度一般。现代自行车相较几十年前的自行车，一般在水壶架和车篮等个人需求方面进行增减，外形颜色上也出现了针对不同年龄段、不同性别的相应色彩。同时根据消费需求不同，还额外区分了不同轮胎的大小，其中轮径24～28英寸的最为常见，针对喜好小轮径的用户则区分了轮径25～51厘米的不同尺寸。

近年来，社会呈现的大趋势是能源价格持续上涨，人们的环保意识提高，交通愈发拥挤，由消费引发的环境负担日益严重。因此，出现了新的消费模式，共享经济、共享消费模式出现。人们的消费观念发生改变，消费需求也随之发生改变，典型特征是人们从消费"占有产品"到消费"使用服务"。在这种情况下，自行车作为绿色环保、性价比高和便捷灵活的代表，公共自行车、共享自行车应运而生，成为时下绿色环保的出行工具，缓解了"最后一公里"交通问题，提供了更智慧的出行解决方案。

从普通自行车衍生的各种自行车，按照其使用场景和目标人群的不同，分为以下几种。

（1）公共自行车

随着经济的快速发展，机动车对空气质量造成了沉重负担，在城市交通拥堵的压力下，人们逐渐意识到这个问题，各地纷纷鼓励大众绿色出行，倡导保护生态和低碳生活方式，公共自行车应运而生。同时，公共自行车经济实惠且锻炼身体，能够很好衔接各类交通工具，能够切实解决"公交最后一公里"的问题，成为上班族和学生群体的常用出行选择。随着人们生活水平的提高，人们对健康生活的消费方式日益重视，使得公共自行车不仅具有代步工具的功能，还赋予了休闲绿色的生活理念，成为当下推崇的交通方式。

（2）共享单车

与公共自行车运营方式不同，手机即扫即用，分布区域更加灵活广泛，不拘泥于公共自行车固定桩形式。固定桩公共自行车虽然能够方便管理，但是其便捷程度降低。共享单车通过APP完成办卡、充值、押金、退款、找车等流程，真正实现快捷高效，使得不同交通工具之间的衔接能够达到无限接近，很大程度上满足了上班族和学生群体的日常通行需求。

（3）折叠自行车

随着折叠技术的日益成熟，这种交通工具针对大城市通行需求，小巧灵活，深受人们的喜爱，虽然其体积不变，但是空间占有率能够大大缩小，这成为大多数折叠自行车使用者最看重的一点。一般车型是通过车架将前后轮对折到一起，就能减少45%左右的长度。占用面积小，针对当今交通拥堵的道路状况，折叠自行车能够解决下班最后的短距离出行烦恼，低碳环保，另外也成为多数代驾司机的工具首选。

（4）电动自行车

在综合性能上表现突出，作为一种介于自行车和摩托车中间类别的自行车，市场消费群体十分庞大。能够兼具摩托车的速度，也能够和自行车一般环保、低成本。电动自行车成为价格低廉且节约能源的新型交通工具，尤其受到上班族的追捧，已经大规模生产和销售，改变了人们传统的出行方式。

5.1.2　自行车玩具视角的消费需求

从自行车"玩具"角度出发，以下几类自行车在休闲、健身、运动的过程中能够提供给人精神价值，随着人们生活水平的提高，对物质生活和精神生活的需求提升，也使得该类自行车蓬勃发展。

（1）健身单车

为有健身需求的人群设计，受到中青年人和一部分老年人的喜爱，能够手脚双动力，健身效果好。大众认为的健身单车一般是健身房中的室内单车，原地蹬车达到运动效果，健身单车追求体育锻炼效果，注重身体素质提升和减缓压力，在健身房中专门设置动感单车区域，成为健身中的热门项目，因此其提供的娱乐健身效果与普通自行车大不相同。

（2）儿童自行车

20世纪中后期开始走进大众视野，进入21世纪，儿童产品包括儿童自行车的发展出现了新的机遇。家长十分关注儿童的综合素质发育，而儿童自行车恰好能够使得儿童在使用自行车时达到锻炼身体和娱乐的双重效果，这也成为儿童自行车市场需求量大的原因之一。儿童自行车在设计方面可操作性强，色彩丰富，造型多样，普及度广，能够进一步开发更多功能，并且在材料的使用上也与其他自行车有很大的不同。

（3）"死飞"自行车

近年来作为一种街头时尚在国内年轻人群体流行开来。所谓"死飞"，即表示其自行车飞轮是"死"的，车子链条和后轮固定在一起，不同于普通自行车，飞轮停止踩踏后还会继续转动一段时间。骑行该车需要人一直不停地踩踏板，是一种独特的骑行文化的衍生物。"死飞"自行车属于固齿飞轮自行车，与场地自行车属于同类车，但却不局限于室内运动，骑行方式更加多样化，因此成为一种绿色自然的健身方式和休闲方式，同时其靓丽的外表也吸引了越来越多的人，国内还曾举办大型"死飞"自行车赛事，进一步说明其在代步交通以外的独特精神文化和附加价值。

5.2 对应特征

5.2.1 公共自行车

公共自行车设计专注于方便、实用、耐用，由于公用属性，增添了特别设计用于防盗和防破坏，另外固定桩也是公共自行车特有的附带装置，如图5.1所示。除此之外，一般与普通自行车设计相似，其中台湾的公共自行车还考虑到环境因素，增添了全车防锈功能。另外针对女性用户，使用了包覆式放卷设计，以防衣物卷入。杭州很早就开展了公共自行车租赁服务，其公共自行车设计不断升级优化，经过多次迭代更新，现有正在使用的公共自行车随处展现贴心设计，骑行舒适性也越来越好，除考虑维修成本，还有很多设计细节体现了公用属性，如实心轮胎设计，免于充气；加粗加固的车篮设计，便于市民运载物品，如图5.2所示；旋钮式铃铛设计，与车把融为一体，既方便使用，整体美观，而且防盗，如图5.3所示；把手也做了防滑设计，同时还配有儿童座椅，满足接送儿童的需求，如图5.4所示。

图5.1　杭州公共自行车

图5.2　杭州公共自行车车篮设计

　自行车的角色演进

图5.3 杭州公共自行车铃铛、把手设计

图5.4 杭州公共自行车儿童座椅设计

国内外公共自行车经历了普通自行车、锁桩自行车、助力自行车到现在的无锁桩自行车，如图5.5～图5.7所示，从先前的易丢失和易破损发展到现在利用电子信息集成技术与先进的定位系统。可以说，公共自行车的进步与时代的进步是密不可分、相辅相成的，它总是站在时代的前列，满足人们健康、环保和便捷的需求。

图5.5　锁桩公共自行车

图5.6　助力公共自行车

　　自行车的角色演进

图5.7　合肥无锁桩公共自行车

5.2.2　共享自行车

　　共享自行车与公共自行车在用途上并无区别，都是作为公共交通系统的补充，提供最后一公里的便捷及绿色出行方式，通常由车筐、轮胎、刹车、铃铛、智能控制器、座椅、车身等组成。因其使用方式与公共自行车固定点借还不同，是无固定站点，随借随还，如图5.8、图5.9所示，因而现在大部分共享单车与公共自行车的不同点在于智能锁的设计。

　　共享自行车由于其灵活取用以及还车地点不固定的特征，容易造成GPS没电，失去车辆信息，因此有些共享单车在车筐中放置了太阳能板，保证GPS和智能锁运行正常。且由于使用频率高，损耗频繁，共享自行车使用了可回收利用的轮胎材料，符合绿色环保设计，实心轮胎还能够防止爆胎。

图5.8 青桔共享自行车

图5.9 哈啰共享自行车

共享自行车与普通单车最大的区别是车身上的智能控制器，如图 5.10所示，该控制器集合了所有共享自行车运行正常所需要的关键，如 GPS定位系统、电子锁、移动通信、电池和充电装置，另外车身上的二维码也承载了自行车标识和后台访问的一系列作用。在云计算环境下，对该车进行中央控制，包括用户管理、车辆管理、自行车锁开关、位置跟踪、费用计算等功能。

图 5.10　共享自行车智能控制器

5.2.3　儿童自行车

现今童车市场更为细分，在骑行方式、使用场景、设计的安全性、舒适性上都有更大的突破。儿童自行车一般以车胎外径大小作为不同年龄段使用划分的依据，从 12～20 英寸不等，部件构成与成人自行车大同小异，分为可伸缩的座椅、车把、刹车、车铃、前后反光灯、车篮、水壶架、链条、脚蹬等。部分为可折叠车架，考虑到童车在家庭中的空间使用问题，儿童自行车的设计往往携带了储物功能的后箱或前篮，考虑儿童的日常用品储存。另外为了维稳，一部分童车增加了可拆卸的辅助后轮。

儿童自行车在安全性上的设计是尤为关注的点，其材料选择和增添平衡轮都是在增加其安全性，如图 5.11 所示。儿童自行车的分类不同，设计也随之改变，儿童三轮车、儿童推车、儿童学步车、儿童平衡车等，都通过部件增减或巧妙的结构达到不同年龄段儿童的娱乐和锻炼体验。比如现在很流行的儿童平衡车，如图 5.12 所示，其采用航空镁合金一体成型车架、15°脚托设计，降低儿童过弯重心，使滑行更稳；橡胶轮胎横向加宽，达到避震效果；车把能360°旋转，配上透气防滑手把套，把儿童自行车童趣发挥到极致。

图5.11　儿童自行车

图5.12　cakalyen儿童平衡车

5.2.4　健身自行车

20世纪90年代末，健身自行车开始兴起，刚开始其外形与普通代步自行车相似，进入21世纪，其功能和外形有了很大突破，功能考虑越来越全面，操作使用越来越人性化。我们普遍认为的健身自行车属于健身房的一种健身器械，一般由浸塑大扶手、扶手前后调节L形旋钮、心率感应、大飞轮、无级变速/刹车装置、专业健身座垫、车座前后调节L形旋钮、车座高低调节L形旋钮、铝合金脚踏、曲柄、链条盒、前支撑脚架、后支撑脚架、可调节脚垫组成，如图5.13所示。

其中脚踏板为防止人们在运动中出现踩空等意外，增添了套脚设计，并且利用摩擦阻力系统能够通过左右旋转进行自行车的骑行阻力调整。前后支撑脚架还能够帮助健身自行车增加稳定性，且无法随意移动。

图5.13　健身自行车

5.2.5　"死飞"自行车

作为国内较为新潮的新式自行车，该车的设计尤为简单，由一个车架、两个轮子、一个车把、链条和座椅构成，没有寻常自行车的固齿结构，也没有刹车和挡泥板，如图5.14所示，主要通过人对脚踏的控制进行减速和刹车。当脚踏停止运动，车轮也停止转动，使得车轮和脚踏永远处于联动状态。同场地自行车一样，能够用于竞技比赛，但并不局限于场地内。

"死飞"自行车属于舶来品，颜色靓丽，设计简约，深受国内年轻人喜爱。

图5.14 "死飞"自行车

5.3 对应角色

5.3.1 自行车工具角色的回归

现在，自行车通过新的模式创新继续发挥着它的作用，甚至变得比以往更便捷、更通用。公共自行车以及共享单车在短短几年内，经过数次改革优化出现在人们的视野里，以更绿色、更便利、更健康、更实惠的角色影响着人们的生活。通勤是自行车使用最重要的目的。调查结果显示，除了使用自行车通勤，其余目的从高到低依次是日常代步、娱乐、锻炼身体。当被问到为什么使用自行车的时候，答案依次是速度快、有益于身体健康、环保、不需要考虑停车等问题、可以减少交通拥

自行车的角色演进

堵、其他的交通方式不能很好地满足出行需求，比如公交车太挤，出租车和私家车花费太大等。

公共自行车给人们提供一种全新的交通方式，引导人们重新考虑他们的交通出行行为，增加人们的交通出行选择。现在共享汽车已经出现，但是公共自行车的优势还是非常大的。比起汽车共享，公共自行车同样有各种保护环境和社会运作方面的效益，公共自行车这一创新方式在使用知识的学习和费用方面的要求都远低于汽车共享，这也使得公共自行车相比于其他新型交通方式，更容易被消费者熟知和使用。

可以说，公共自行车就是为解决"最后一公里"等难题而发展起来的一种创新的自行车使用方式。运营原理也很方便，即消费者不购买自行车，也不承担维修的费用，而是在需求的基础上，通过租车、还车的操作使用自行车。公共系统承担自行车的购买和维修费用，负责在一个具体的区域范围内建设多个自行车站点，各个站点之间实现"通租通还"。

通过对公共自行车的调查，有几个共同的结论，即公共自行车使用者中青年人居多，年龄以18～45岁为主，这与国外相同，但是消费者使用公共自行车最主要的目的与国外有很大的区别。国外的公共自行车主要是用于休闲娱乐，而在中国，公共自行车则正在逐渐成为人们日常通勤最重要的交通工具之一，这是中国公共自行车发展一个非常独特也非常重要的特征。作为城市公共交通的一部分，公共自行车成为消费者出行的日常选择。公共自行车通过新的交通出行方式实现经济上的节约，更低的成本和运行费用可以缓解交通堵塞问题，增加公交车及其他非机动交通方式的使用，有益于身体健康，更能唤起人们保护环境的意识。

共享交通是基于互联网＋和共享经济形势背景下出现的城市出行交通创新，它反映了现代社会对交通的新要求，即需要增加人们交通需求的有效供给，也要提供快捷和绿色的交通选择，是大城市解决交通问题的全新驱动力。共享单车企业在校园、生活区、商业区、公共服务区放置自行车站点，人们通过手机APP获取服务。这是一种以市场需求为导向、以服务效率为基础、以获得一定报酬为目的、以保护环境为目标的新的经济模式，共享交通用市场的竞争来提高管理水平、提高效率，增加了大众出行交通工具的选择。自行车作为共享交通的竞争优势，在于其更高的效率和更好的用户体验，正是通过技术革新、制度完善以及降低使用成本三方面提供高效率的出行服务，乘客获得交通工具更方便，使用体验感更高，支付的价格更便宜。

由此可见，在交通日益复杂的今天，自行车作为工具的使命重新焕发新生。今后也会有更多的用户加入使用自行车的行列中，而市场和设计师也会更精准地定位人群，如图5.15所示，推出更多样的自行车周边产品。

图5.15　哈啰单车

5.3.2　自行车角色定位更为精准

伴随着经济的快速发展，人们的出行需求有了很大的提高，随之也出现了私家车数量快速增长、道路拥堵、空气污染等一系列问题。

自行车出行，作为一种比走路快、比公交灵活、对环境友好的低碳出行方式重返人们的视野，但是，伴随着科技的快速发展，自行车的使用在20世纪90年代后期就进入了持续下降阶段，自行车拥有量和使用占比都大幅下降。因此，多种自行车创新模式开始大量涌现。

工业化、信息化快速发展的今天，城市传统的交通状况并不容乐观。在工作日，上下班时间的高峰期，交通状况都比较拥挤，尽管出台了许多政策，如限号通行、增加公共交通等，但依然给人们的生活带来很多烦恼。

随着人们出行的范围越来越远，使用自行车通勤、运输的任务已逐渐被汽车等替代，自行车似乎又成为供人娱乐的器械。然而，它不仅仅是娱乐器械，还是运动场所、健身房里的设备。现如今更重要的是自行车没有污染，这使它必将与其他现代化交通工具互补，共同为人们的便捷生活出力。因此，这个被成年人置之于角落的"玩具"重新肩负起"工具"的职责。

5.3.3 自行车角色定位日益个性化

自行车作为玩具，注重考虑人群和使用场景,作为运动、健康和娱乐用的相关自行车在各自的领域中更加专业细分。

以运动型自行车为例，我国人口基数大，骑自行车相当普及,把骑自行车当作一项运动的人在中国数量众多。喜爱自行车运动的人越来越多，改革开放以来，中国体育经历了比许多其他行业领域更多的起伏，"工具与玩具"的提法在这项运动中得到展示。

中国自行车运动的赛事也反映了我国自行车运动的浪潮，近几年举办的商业比赛对我国的自行车运动起到了很好的推动作用。对自行车运动的普及推广,培养强大的人民群众基础是自行车发展的重要一步。后疫情时代,我国全民健身的热情日益高涨,自行车骑行运动有得天独厚的条件,比如成本低、入门快、场地多。

自行车的创新发展不止运动型,在娱乐方面也持续发展,如动感单车和平衡车等在近年来也有良好的市场。20世纪90年代,室内动感单车传入我国,这是一种在健身教练的指导下以减脂运动为目标的运动。随着全国健身房的普及和全民健身运动的开展,动感单车给工作压力大的人群一个很好的放松机会。现在各种原因引起的肥胖逐渐引起了人们的注意,越来越多的家庭选择购置一个动感单车,如图5.16所示。平衡车与共享交通同样作为"最后一公里"的代步选择工具,也可以放松身心,这使平衡车受到年轻人的青睐,从平衡车产业的前景来看,其更多地会扮演一个过渡市场的角色,未来可能会成为户外运动系列的一个工具,成为一个小众市场,在细分市场里找到自己的定位,并形成定制的产业化。随着人们保护环境的意识高涨,骑自行车旅游作为一种低碳健康的方式被广泛接受,这种新潮的出行方式,会成为未来旅游发展的重要形式之一。

图5.16　keep动感单车

由此可见，在我国大力发展自行车运动不仅有经济和社会意义，对自然环境也有保护作用。回顾自行车的起源与发展，工具与玩具的转变，对环境的态度、对健康身体的追求和对社会变化的适应紧紧环绕，自行车的发展也会始终围绕这三个方面进一步发展与完善。

第6章
自行车角色演进
背景因素分析

　　本章主要对我国自行车百年发展变迁中的角色演进做了梳理，并探讨了自行车角色演进的社会背景因素，这些方面对一般产品规律性转变因素同样具有可比性。

6.1 自行车角色演进图示

　　自行车在中国的百年变迁，角色不断转化。从玩具到工具，从工具到玩具，其间夹杂着有趣又耐人寻味的人、情、事。相较于文字性叙述，图表能更直观地反映中国自行车百年发展趋势和角色演进。

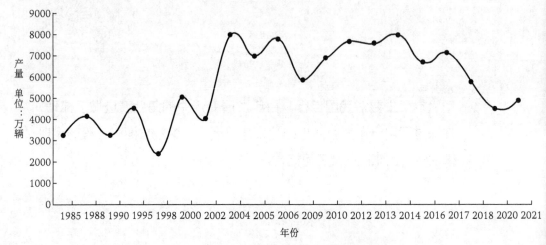

图6.1　1985—2021年中国自行车产量变化曲线

　　我国1985—2021年自行车产量变化曲线如图6.1所示。我国历年自行车产量有涨有落，但涨幅不大，整体呈略有上升趋势的曲线，1985年全国产量3235万辆，1988年产4122万辆，达到了一个高峰。20世纪80年代中后期，我国自行车价格全面放开，出现了从未有过的畅销势头，原因有三：一是自行车调整后的价格与其他耐用消费品相比还是比较便宜；二是社会保有量偏低，消费者担心自行车的价格再继续上调而提前采购；三是人们生活水平提高，社会购买力不断增长。1989年产量下滑到3672万辆，国内自行车市场需求疲软，成为22年度连续增产以来第一个减产年度。1990年为3141万辆，到1995年又达到第二个高峰，年产4474万辆。20世纪90年代中期，国内自行车市场进入更新换代期，市场的消费需求主要是更新购车和学生购车，由于能源环境等因素，自行车制造业拥有良好的前景、广阔的市场，但从短期看，由于当时全球经济不景气，1998年自行车产量出现第二个低谷，年产2312万辆。之后，我国自行车行业开始走出低谷，2000年总产量首次突破5000万辆，出口量也首次突破3000万辆，出口前景看好。随着每年出口量的增加，加上自行车属于劳动密集型产品，工业发达国家需要依赖进口解决自行车的供应问题，因而中国自行车产量在2004年又达到一个新的高峰值。

我国自行车产量自2000年首次突破5000万辆之后，从2000年到2021年，除去2002年（3957万辆）、2020年（4436万辆）、2021年（4827万辆）这三年自行车年产量少于5000万辆以外，其他时间均超过了5000万辆，同时在2004年以及2014年两次达到最高峰值，接近8000万辆。随着世界各国人们生活水平的提高，全球自行车需求量会进一步扩大。由于环保以及交通问题，自行车作为传统产业，再度成为世界各国居民喜爱的交通、健身工具。2013年，中国仍然是世界上自行车最大的生产基地，整车生产商、零配件生产商分别达到500多家和700多家，世界前五大厂商主要基地均在中国。因此，中国自行车年产量在2014年出现一个新的高峰值。受疫情影响，2020年、2021年我国自行车年产量跌下5000万辆。

进入21世纪，中国自行车年产量虽出现两次高峰值，但整体发展趋势是趋低的，这有多方面原因，随着人们生活水平提高，居民家庭可支配收入提高，出行需求多样，出行代步可选工具丰富，出行服务模式日益创新且多元多样，这对自行车市场产生很大挤压；同时，随着城市交通形势日益严峻，国内外众多学者提出用可持续发展思想解决城市交通问题，也就是综合考虑城市交通方式的选择、基础设施以及交通供给的投资政策等，提出以环境、发展、公平为目标的城市交通问题解决方案，公共自行车租赁服务系统在此基础上提出。2008年，我国引入了欧洲的公共自行车服务系统，并且在杭州率先推出公共自行车服务系统，同时将其纳入了城市公共交通系统。公共自行车租赁服务系统充分发挥了自行车自身的优点，比如操作灵活、使用方便、可达性高、环保性强，以及其他交通工具在环保和效率方面的结合性。因此，自行车的租赁使用是适合我国国情的，并且自杭州引入后迅速在全国多个城市扩展。公共自行车对自行车生产企业、自行车市场冲击也非常大。

从19世纪自行车在英国诞生至今，随着社会经济的发展，自行车产业转移是全球社会化分工的必然，也是世界经济产业结构调整的必然，中国将在今后承担起世界自行车制造基地的重任。

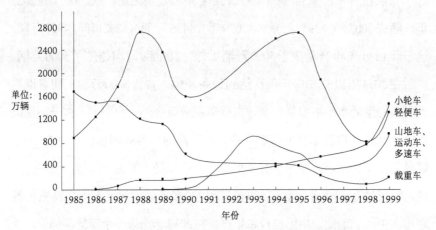

图6.2　1985—1999年中国自行车不同车型产量变化曲线

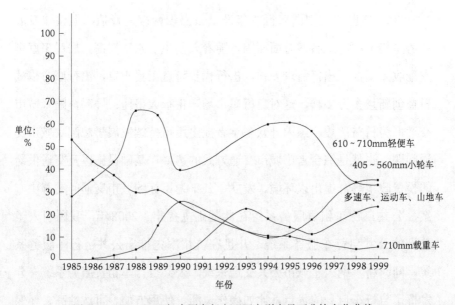

图6.3　1985—1999年中国自行车不同车型产量百分比变化曲线

　自行车的角色演进

1985—1999年中国自行车不同车型产量、产量百分比变化曲线如图6.2、图6.3所示，这两张图的差别不是很大，基本上可以反映出我国自行车前三个阶段的发展情况。图中虽未将新中国成立至20世纪80年代的产量、百分比数据列入，但并不影响分析20世纪80年代初是我国自行车工业的一个关键转折时期，由过去的以满足国内市场对自行车数量上需要为主的生产体系，转变为以满足国际市场和国内消费者对自行车款式、花色、品种需要为主的生产体系。从20世纪80年代中期开始，自行车作为单纯"工具"的比重直线下降，但它还是居于主导地位，载重车、轻便车占三分之一强的份额。80年代末，自行车作为"玩具"初步形成一定数量和规模，出现多速车、运动车、山地车，抗衡"工具"的角色。20世纪90年代自行车发展迅速，每个车种的变化曲线涨落有别，进入"工具"与"玩具"融合的时期。90年代中期以前，轻便车不管在产量、百分比上都位于主导地位，平均超过二分之一强；1993年高档变速车、山地车达到一个最高点，比重接近四分之一强。90年代中后期开始出现轻便车、小轮车和变速车（包括山地车、运动车）三足鼎立的局面。

我国自行车角色简单示意如图6.4所示，随着时间的推移、自行车品种的丰富，自行车角色变得越来越复杂，单一角色的车种日益减少，双重角色的车种日益增多，并且同一车种在不同的时间段有可能呈现不同的角色（例如载重车在六七十年代与九十年代不同）。单一角色的自行车比较易于理解，大多数双重角色自行车却颇有费解之处，因为双重角色很多情况下是隐性的，让人不易察觉。20世纪80年代以前，自行车在人们生活中所扮演的角色主要是交通工具。80年代以后，自行车的最大变化是离开了对实用性的追求，逐步向美观、新颖、特别等方面发展。

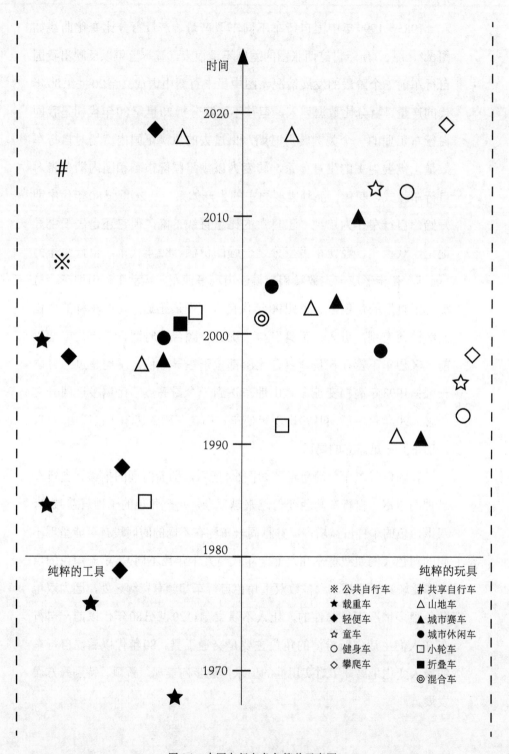

图6.4　中国自行车角色简单示意图

自行车的角色演进

表6.1是中国1897—2002年自行车演进情况。

表6.1 1897—2002年中国自行车角色演进

时间	社会背景	设计思想	自行车角色	备注
1897—1949	清朝末年、列强入侵、辛亥革命、五四运动、西方民主、科学的思想传入、抗日战争、解放战争	几乎没有设计意识 款式以模仿国外品牌为主	宫廷游戏器具 作交通工具用	自行车数量、质量、制造技术远远跟不上需求，产品质量差，加工手段落后 品种只有普通车一种，制造自行车的基本材料是废旧柴油桶

自行车款式

时间	社会背景	设计思想	自行车角色	备注
1950—1978	经济落后、物质匮乏、人们持紧张消费心态 人们的购买力低，自行车产量也不高 人们购买自行车首先考虑价格，其次是质量、款式和功能，希望自行车牢固耐用 自行车轻量化的需求日益突出 当兵热	经济、实用 对自行车的设计意识是极其薄弱的 自行车设计还只停留在对技术、加工工艺革新上 设计很少突破男式、28英寸、黑色油漆的框框	产品以28英寸普通型自行车为主 自行车是处于交通工具的主导地位 人们把自行车视为"时髦的高档日用品"，是人们追求、梦想拥有的产品 主要供人们交通、运输 人与自行车更多地维持在亲密的伙伴关系 人们对自行车产生了超越产品本身的东西 自行车给人们更多的是无形的价值	由普通车发展到载重车、轻便车、赛车、小轮车 钢铁、煤、电、严重短缺，大力开展技术革新 自行车在我国被列为高档消费品，和手表、缝纫机并列为"轻工三大件" 自行车工业科技情报站成立，对铝合金材料制造自行车进行调查

自行车款式

自行车的角色演进

时间	社会背景	设计思想	自行车角色	备注
1979—1989	社会处于转型时期，从农业社会向工业社会转型 商品经济迅速发展，人们生活水平不断提高，具有一定的社会购买实力 经济的增长促进社会物质资料的丰富 人们开始向展消费心态转变 对自行车的需求突出在"三新"上，即新款式、新品种、新色彩，出现多样化、多层次的需求	设计意识日益增强 设计思想突出体现"新、轻、美"特征 实用仍是主导思想，但开始注重舒适设计	自行车由高档消费品转为一般日常消费品 在社会消费中的地位也日益下降 载重车还是作为交通工具 轻便车一车多用，一车多人用，代步、轻量运载、闲逛、郊游、轻便车作为"工具"的比重在下降，作为"玩具"的比重在上升	自行车品种增多，花色从黑色为主发展到多种色彩和一车多色，由单色向多色和复合色变化，体现在设计意识的渗入，并逐渐突出 80年代末期，多速车、运动车、山地车初露端倪

自行车款式

时间	社会背景	设计思想	自行车角色	备注
1990—2000	经济社会快速发展，经济模式、思维方式都在市场经济的冲击下迅速做出反应，我国开始进入真正意义上的消费社会 人们消费物质的过程中，更多的是消费观念的改变和消费文化的导入 消费体制改革首要任务是要扩大消费者的消费自主权和决策权 人们持观望消费心态 90年代前半期购买行为是普遍保持着较低消费水平随后有所放松，差别性消费、多元化消费等消费观 出现美感消费、保健消费、人们消费热点发生变化：住宅、电话、汽车、旅游消费、健康化的趋势、个性化的时尚服装热、高档电器热、厨房改革、交通革命、办公自动化系列 自行车年龄消费特征显著，消费需求多样化，人们的消费观念发生明显改变	设计意识比任何时期都强烈 自行车设计充分展示个性化，体现人性化，发展多样化，追求时装化等特征 设计的考究与精细不仅体现在整车上，细小的零部件及附件同样反映明显 设计的作用更加突出出功能综合化、自重轻量化、操纵方便化、款式多样化，注重舒适、轻松等更多精神层面的需求	自行车角色演进的典型特征是复杂化、多样化 "工具"与"玩具"之间的界线变得越来越模糊 作为纯粹的工具与纯粹的玩具车型较少，既有工具成分又有玩具性质的"双重角色"车型大量涌现	人们在选购自行车时考虑的因素逐步趋于多元化和复杂化，质量、品牌、价格的影响力显然不及以往，但款式和色彩已逐渐占据一个相当重要的地位 技术革新发展迅速，表现在对车架材料的研究、避震技术的应用、变速系统、制动系统及彩色轮胎、避震缓冲座垫的零部件及附件的革新上 90年代避震技术在自行车上应用，给自行车行业注入一股活力 同样旋把式控制器是自行车变速控制器的一次革命，它引导了一次新的消费潮流

自行车款式

1990—2000

第6章　自行车角色演进背景因素分析

时间	社会背景	设计思想	自行车角色	备注
2001—2022	社会迈入信息大爆炸的时代，高科技和全球化是21世纪社会发展两大趋势，由于信息化、网络化和全球化的飞速发展，传统的消费模式已不适应或滞后于当今和消费观念及未来消费需求 人们消费结构转型升级，消费观念在变革 新的可持续的消费模式、消费理念出现 绿色经济、共享经济、共享消费模式 大众消费文化形成，进入汽车消费时代、网络消费时代、休闲消费时代、文化消费时代等新消费时代 新消费时代呈现"四高""四化"基本特征 "四高"即消费者追求高科技、高层次、高效益、高质量消费 "四化"体现消费多样化、国际化、个性化、健美化 公共自行车、共享自行车充分体现"四高""四化"特征	设计充分体现"四高""四化"消费基本特征，设计提供新的交通出行解决方案和服务模式 设计不仅考虑自行车产品，还考虑相关骑行服务 设计的定位更加精准，体现绿色设计理念，实心轮胎设计防止爆胎 注重健康、环保、便捷等更多精细层面需求	自行车角色演进的典型特征是精准化、个性化 回归"工具"与"玩具"的纯粹角色 "工具"角色更为精准纯粹，"玩具"角色更为多元多样及个性化 更多的精神文化因素的确在影响自行车的演进，也影响自行车消费文化的形成	自行车作为绿色环保、性价比高和便捷灵活的代表，有效缓解城市最后一公里交通问题，提供了更智慧的出行解决方案 自行车赛事推动自行车运动发展

自行车款式

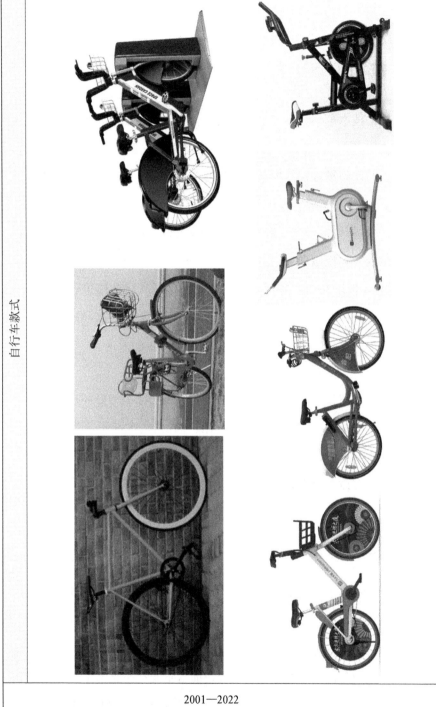

2001—2022

6.2　社会背景因素

6.2.1　技术的革新

事实上，技术革新称不上自行车角色转化的直接因素，因为如果人们需要改变自行车角色的话，并不会因为技术跟不上而打消这个念头，需要的只是时间问题。技术的革新能辅助并增强角色的转化，直接让它成为可能。我们可以举出许多例证，如车架、前叉制造工艺（包括焊接、涂装），材料性能研究（轻质、防腐、防锈），避震技术（液压、气压、气液结合、弹性避震），变速系统（一体式车把、内三速），制动系统（V型闸），传动系统，零部件有彩色轮胎、避震缓冲座垫……每一次突破性的技术革新都会刺激新的消费需求，对自行车发展产生冲击。

（1）车架涂装对自行车色彩的影响

涂装工艺是车架、前叉制造的一道重要工序，涂装的好坏直接影响车架的外观，涂装不好易出现污染、杂质、流垂、金油不匀等工艺问题，我们现在已很难见到会掉漆的新车。随着自行车"第二时装"倾向的发展，人们对涂装技术、新的漆种、新的颜色提出更高的要求，同时它的改进又继续推动自行车的发展。

（2）材料对自行车车架的影响

自行车从交通工具向运动、健身、休闲玩具转变时，要求其朝着轻量化、高档化的方向发展。目前我国主要是钢制、铝合金自行车，钢质车架首先材料价格相对便宜，其次在材料刚性、强度、疲劳性、重量和实用性方面能取得比较好的综合平衡性，而且钢结构车架易于加工，易于修理，工艺性好；铝合金的车架优点首先是相当于钢材的成本、钛合金的重量，其次是易于弯管成形，强度重量比高，同样尺寸的铝合金车架重量是钢车架的三分之一，添加一定量合金元素后，铝合金具有很好的防锈蚀性能。但是硬度过高，又不采用避震措施，自行车在长期骑行中容易产生疲劳破坏，不易修复，随着自行车档次的明显提高，以铝合金为材料的各种车把、前后轴、把立管、鞍管、链轮曲柄、拨链器、前叉小零件等已普及应用。

（3）复合材料车架

如碳纤维树脂复合材料，它的优点是能够根据需要定制各种不同的宽度、长度和厚度的产品，在产品成形方面比较自由，这是金属件不可达到的，其强度重量比比任何材料都高，也就是说，用复合材料作为车架，在强韧性要求符合设计参数的条件下，其重量是最轻的。至于用复合材料制成的车架的未来，多数人都认为"无梁结构"或整体结构将是最终目标，但主要问题是价格。新材料的应用已成为当今世界自行车升级、更新、换代的一个主要手段。

6.2.2　大众消费社会的兴起

20世纪90年代，中国开始了轰轰烈烈的消费浪潮，真正大众消费社会的兴起应该是从90年代中期开始，首先要有一个成熟的经济体系作支撑，在短短的一二十年内，消费发展迅速，以至于当大众消费真正来临时，我们都有点措手不及，从物质匮乏到物质供需平衡到物质丰盛，它反映了一个国家在不同时期经济成长的过程，也是一个国家不同时期人们对消费的诠释。我国自行车发展在这个过程中塑造了一个典型，自行车百年的发展历史，自行车角色转变迅速、复杂、多样，恰恰浓缩在改革开放的几十年内，尤其是20世纪的最后十年，我们可以按时间划分来阐述。

从新中国成立到1978年，这期间是我国消费品工业发展的第一个阶段，我国城乡居民收入不高，居民消费是低水平的温饱型，对消费品几乎没有选择性，仅仅是想要"得到"。自行车在当时作为高档商品，人们在消费的过程中看到的只是自行车本身及如何让自己拥有自行车，其他因素并不重要。当然自行车是要充分发挥它的实用功能：交通、运输。

1979年至20世纪80年代后期，是我国消费品工业发展的第二个阶段，这个时期我国城乡居民收入迅速增加，人们生活水平大大改善，呈现比较充实的温饱型消费，消费水平开始出现不均衡，消费层次拉开，由传统经济体制向商品化、市场化转变。人们消费关心的是满足需要，出现了选择，并且希望商品物美价廉。自行车在这个时期的显著变化是：由高档消费品向日常消费品转变，由单一直线发展向双支线发展，自行车市场由供不应求到供需平衡到渐趋饱和，在迅速完成"量"的需求的基础上，人们开始有了对"质"的消费需求，"质"的消费不仅表现在自行车的质量、品种、花色、档次上，还表现在人们消费选择性、自主性的增强上。

如果说80年代自行车这种"质"的消费特征还不突出的话，那么20世纪90年代自行车会以令人信服的事实证明"质"的消费趋势，这便是第三个阶段。从90年代开始至21世纪初，是我国消费品工业发展的第三个阶段，我国居民收入呈现稳定增长的趋势，居民消费为小康温饱型，人们生活质量普遍改善，消费行为个性化、多样化、灵活化，消费档次、品种处于快速变化状态，耐用消费品是消费的主导产品，但这个时期居民收入差距拉开，消费层次增多。人们消费开始以选择性为主，需求中心不再是为了"得到"，而是优质产品、设计新颖、造型美观、方便宜用，产品"质"的需求尤为突出，如自行车不仅要品种丰富、造型独特、色彩艳丽，而且骑行更加舒适、安全、轻便、灵活。与此同时，人们消费观念也发生深刻变化，表现在以下几个方面：从理性消费过渡到感性消费，对满足消费者精神方面的需求日益突出；美观消费，整个90年代消费需求的特点是从重、厚、长、大向轻、薄、短、小转变；差别性消费，从共性消费向个性消费转变，人们要求商品有个性，选购商品要符合个性特点；多元化消费，90年代随着人们生活水平的提高，人们消费投向出现多元化，如购买住房和理财产品、子女教育、自费旅游、医疗、保健等；超前消费，等等。90年代自行车朝个性化、人性化、多样化、时装化发展时，人们的购车目的、购车方式、购车的随意性、购车的考虑因素都趋向复杂化、多样化，这与人们消费观念的改变密不可分。

伴随着我国市场经济的不断完善，21世纪大众消费文化已经成形，社会已经进入大众消费时代。居民生活消费开始由生存为主导的传统日用型消费向以发展、享受为主导的现代享用型消费转移，这种转移对汽车消费、网络消费、休闲消费、文化消费产生了爆发式的、巨大的消费需求，在共享经济、数字经济、移动支付、互联网等技术的支持下，以汽车消费、网络消费、休闲消费、文化消费为标志的新消费时代已经来临。正是在这样的消费背景下，公共自行车、共享自行车产生了，并迅速发展，同时各类以运动、休闲、娱乐为主的自行车种类和需求也日益丰富多样。居民的消费结构更加丰富，消费层次提高，自行车作为代步工具以解决"最后一公里"交通问题，居民不需要占有自行车，只需要购买相应的自行车骑行服务就可以了。

新消费时代呈现"四高""四化"基本特征，即新时代消费者追求高科技、高层次、高效益、高质量消费为主导，同时消费多样化、国际化、个性化、健美化是新消费时代形成的基础。高科技对人们消费生活产生巨大变化，特别是互联网技术、物联网技术、信息技术、大数据、云计算、5G等高科技渗透社会消费的方方面面，改变人们的生活方式和消费结构，推动了消费生活的个性化、家庭化，形成现代化的消费。有了互联网、物联网等相关技术支持，公共自行车、共享自行车租赁服务系统才得以流行和推广，物联网技术的运用有效解决了公共自行车租还车难的问题，使得公共自行车服务持续可行。

高层次指居民消费层次不断升级，体现在耐用消费品转向高级化，空调、彩电、小汽车等产品已经成为城市家庭的必需品。高效益是指提高消费效益，在消费过程中让消费者节约大量时间，网购、外卖、团购、社区新零售等新的消费模式打破传统消费模式的时空限制，为消费者提供快捷、方便的同时大大提高效率，共享自行车也体现了消费的高效益一面，用户可以随时随地根据需要租用、还车。

高科技、高层次、高效益为消费质量带来质的飞跃，有力支撑着人们的消费生活从生存型转为享受型。新消费时代，消费的多样化体现在消费品数量、品种丰富多样、消费多层化，同时走向智能化、网络化，为消费者提供个性化、多样化的消费服务。新消费时代一个最重要的特征是消费的个性化，人们普遍追求个性、独特、自主的消费过程，渴望社会能为其提供深度、个性化的服务，区别于大众规模化、雷同式的服务。消费健美化是人们生活水平提高的一个客观反映。

改革开放给现代消费生活深深地打上了时代的烙印，它使消费者由传统的、被动式的消费变成主动选择消费，改革开放打破了陈规旧矩的束缚，人们不再以现成的消费准则主导自己的生活，"大众化""统一化"已被"新潮化""个性化"所取代，因而消费者反映自我、体现个性的消费意识日趋强烈。

改革开放至今，人们美好生活的需要日益广泛，内涵丰富，不仅体现在物质层面，也体现在精神层面，这也推动企业转型升级，提供更多优质生态产品以满足人们日益增长的物质和精神需要。

随着物质消费水平的提高，人们越来越注重消费中的文化含量，越来越追求消费中的精神享受和艺术情趣。这从审美消费、休闲消费、旅游消费、教育消费、感情投资等可以感受到。自行车的消费趋势同样是带有文化的痕迹日益明显，从工具到玩具，从实用到享受，这便是显见的精神消费需求转变。我们从一些广告语也可略知一二：如GIANT倡导舒适、轻松的休闲生活，打出"生活可以更美好"的广告语；凤凰推崇创新，以崇尚人性、美化生活为理念，"凤凰飞鸟族"系列喊出"想飞就飞"的口号；上海永久自行车提出"幸福来自于创造"；SUNRUN的广告语为"驰骋的快感邀您共同领略"。更多的精神文化因素的确在影响自行车的演进，也影响着自行车消费文化的形成，与此同时，每个阶段的自行车都在上演着不同的人车事、人车情，两轮文化永远都透着引人注目的魅力。

6.2.3 极限运动的兴起

极限运动对自行车朝休闲、运动、健康方向发展有极大的助推作用。年轻人用他们的青春活力创造了大量极限运动形式，如街舞、滑板，极限单车也在其列，并广泛吸引世界各国的年轻人跟随潮流。

近年，城市的年轻人中兴起了一种"单车绝技"，他们以自行车为工具，完成台阶跳越、空中飞车、单车过人、独轮飙车等各种惊险动作，展示当代年轻人勇敢的精神与运动潜力，这种"单车极限运动"也成为年轻人寻求极限运动的一种新时尚。极限运动除了追求竞技体育的精神外，更强调参与和勇敢精神，追求在跨越心理障碍时所获得的愉悦感和成就感，同时，它还体现了人类返璞归真、保护环境的美好愿望。

极限运动的兴起，带动休闲运动产品的消费热，在这个大潮流下，自行车不断改变自身以适应潮流，如能做攀、爬、跳、跃各种惊险动作的攀爬车开始涌现，全减震山地车为更富挑战性的下坡赛作后盾，旅游山地车可以锻炼野外求生能力，等等，极限运动在不知不觉中感染自行车的角色转变。自行车是满足这种需求的一种媒介，在极限运动成为时尚之前，自行车玩具已开始走向它的"极限"（如变速系统的升级、避震系统的优化、折叠机构的最便利操作）。

6.2.4　绿色运动

随着全球环境问题日益严峻，人们经济、生活、社会的方方面面都与绿色运动密不可分，表现在提倡绿色食品、绿色家电、绿色包装，采用生态服装、环保用具等，绿色运动在世界范围内的影响十分深远。

事实上，对环境问题的思考有不同的深度或不同的绿色程度：浅绿色的环境观念建立在环境与发展分裂的思想基础上，是20世纪60—70年代第一次环境运动的基调；而深绿色的环境观念则将环境与发展进行整合性思考，这是20世纪90年代以来第二次环境运动的主题；浅绿色的环境观念，较多地关注对各种环境问题的描述和渲染它们的严重影响；深绿色的环境观念则重在探究环境问题产生的经济社会原因及在此基础上的解决途径。"绿色"用更通俗易懂的话来讲，就是象征无污染、健康、清洁的自然生态环境，代表节能、节源。对绿色产品来说，自行车自诞生之初就和"绿色"结下不解之缘，与其他交通工具相比，自行车无污染、不消耗外能源是它的最大优点，然而它并不是顺应绿色运动潮流而产生的。90年代以后，骑车健身由自发向着自主方向发展，人人向往健康，骑车健身成为人们的主观愿望，因此针对健身、运动需求的自行车日益增多。随着人们绿色意识的加强，绿色运动对今后自行车的发展仍有推动作用。

6.2.5　休闲娱乐

早在20世纪90年代初，我国一些社会学家开始关注休闲领域。休闲对社会经济、生产、消费等各个领域产生的影响是巨大的，人们对休闲持追求与合作的态度，愿意去体验和感受休闲带来的自由感和自我空间。与传统娱乐方式相比随着生活水平的提高，人们的休闲方式也在悄然地发生变化，久居都市的人们，将更多的目光从户内移到户外，在与原始自然的融合中体验久违的休闲时光，人们更加热衷旅游、健身和运动。人们对生活质量的追求明显增强，对美好生活的向往已成大势所趋。

90年代之后，休闲文化更加普及，如消费领域有休闲食品、休闲服装的流行，经济领域有"假日经济"的兴起，各行各业都在上演着体验经济，并且随着休闲方式的改变，引导一些产品相应地发生变化，自行车便是其中一种。90年代末，越来越多样的休闲车把人们的生活装扮得更加丰富。对骑车旅行的人来说，徜徉于大自然中，日晒、流汗，在轻松地转向、腾起、跨越的瞬间，体会到无拘无束的畅快……这就是骑行的乐趣。一人一骑、一路行一路看，对玩车的人来说，这就是最大的快乐，近年来，骑自行车旅行成为越来越多追求自然的人们首要之选。

6.2.6 生活方式

现在人们出行至少有四种方式可供选择：坐公交车、坐出租车、骑自行车、步行。当然，我们还可以找出更多的方式，比如电动车（电动汽车、电动自行车）、滑板车、溜冰鞋……与20世纪五六十年代相比，人们出行方式的选择空间大为扩展。

20世纪80年代，公交车虽然可随叫随停，但车次有限，间隔时间长。自行车在此期间迅速发展、普及，承载着几亿中国人，在交通高峰，从小胡同里涌出，在大马路上交汇，一条条"流动的长城"，也是一道亮丽的风景。在农村，人们对自行车的想象力也是无穷的，一辆自行车可以承载起一个家庭，各种产品的运输方式千变万化，自行车在他们眼里无所不能，他们个个都是技艺高超的"杂技演员"，在乡间的小路上进行着多彩的表演。

20世纪90年代，人们谈论交通工具的焦点由自行车转变为家庭小汽车，随着人们生活水平的提高，这个话题变得越来越热闹，汽车与自行车作为交通工具在时速、快捷方面确实不可同日而语，汽车工业的发展对自行车行业产生冲击是不可避免的事。公交服务系统日渐成熟也从另一方面强烈冲击自行车交通工具的地位，人们有许多方便、快捷的出行方式，自行车向玩具转变也许是一种无奈，也许是一个好的新发展方向。"汽车热"带来一个严重的负面影响，便是"行路难"问题，交通高峰期堵车严重，迅速增加的小汽车正逐渐失去其原有的方便、机动、快捷的优点。这为自行车交通工具的发展提供了一定的机会。另外，我国的国情也决定了在相当一段时间内自行车依然是很多人的代步工具，所以现在自行车会有工具、玩具共存的现象。

6.2.7　价值观

价值观反映了人们的需求、欲望，以及实现这种需求、欲望的方式和态度。价值观在文化体系中占据着核心地位，文化体系的差异实质上就是价值系统的差异。同样，在社会心理这个有机体系中，价值观依然居于核心地位，对其他心理层面都会产生重要的影响，社会心态则更多地属于对当前社会形势和现实生活状况的直接反映。至此，我们可以明白，前文论及的六项影响自行车角色转化的背景因素，诸如大众消费社会的兴起、绿色运动、休闲娱乐、极限运动的兴起等都是受到价值观这一更高层次的因素制约，价值观深入到社会的各个层面。自行车从工具到玩具的角色转变，本身便是显见的价值观转变问题。

20世纪后期中国社会由计划经济向市场经济转变，不仅仅是社会资源配置的变化，更是劳动、分配、社会组织形式等全方位的变革。改革开放后，对自行车的追求从实用转为注重精神需求，这引导出自行车作为玩具的角色介入人们的生活。改革开放后的十年间，自行车作为玩具虽然在努力地寻找成长的机会，但注重实用的轻便车、载重车仍占据优势,这个时期正好是我国自行车生命周期中的发展期。

　　20世纪80年代后期及90年代社会与经济的转型,使得多元化的价值体系逐渐形成。进入90年代,改革发展走向深入,这也深刻影响了价值观的变化,社会更具开放性、多样性、务实性。进入90年代,自行车品种显著增加,结构层次也在调整,这源于人们购车越来越高的要求。从90年代开始,我国自行车行业进入饱和期,山地车(包括运动车、多速车)较之以往产量显著上升,小轮车产量一直处于上升态势,山地车、小轮车各自产量、产量百分比相对于轻便车来说虽然较低,但两者之和却能与轻便车、载重车之和相媲美。换句话说,自行车作为工具与玩具的比重渐趋平均之势。90年代,自行车充当纯粹的工具和纯粹的玩具是少量的,大量的是兼具工具与玩具双重角色的自行车,自行车在工具与玩具之间不断寻找新的平衡点,向前发展。这恰恰是这个社会处于转型时期价值观的具体表现。

第7章
自行车会消失吗？

　　随着时代的进步，自行车在交通方面的地位日渐式微已是现实，依靠自行车解决较长距离的交通显然不太现实。而作为交通工具，它的运载能力有限，所以作为主要的交通工具已不可能。但是随着自行车工业的发展，自行车结构的变化，它的其他功能却日益丰富，健身、比赛、娱乐、休闲、旅游等就是自行车代步功能的延伸，它的结构简单、携带方便、价格低廉等优点，是其他有相同功能的器械无法取代的。况且，它仍不失为短途代步、轻量载重的最方便工具，并且随着环境、消费观念及生活方式改变等因素其功能会更加完善，可以相信随着科技的发展，自行车功能会不断延伸，加工水平会日臻完善，仍会受消费者的青睐。

7.1　未来自行车发展趋势

对于未来城市交通，自行车会是个需要重新面对的问题，在目前轿车、自行车与公交车共存的情况下，过去关于轿车将取代或不可取代自行车的争论已经失去意义。重要的是如何将自行车合理有效地与其他交通模式结合。20世纪90年代，我国城市规模扩张和居住区与工作区的分离，从总体上扩大了"上班族"的出行距离，大多数工薪阶层都处在"自行车、公交车、单位班车"的某种组合之中。因此，需要在提高公交服务质量的同时，大力改善自行车与公交车换乘环境。自行车和公交车理想地分担着自己的角色：一个"负责到家"，另一个"跑长途"。在现实生活中，已有人购买两辆自行车，开始了"两头骑、中间乘"的交通模式。

自行车将与其他现代化交通工具和健身器材并驾齐驱向前发展，今后自行车的发展趋势大概为：城市用自行车继续向轻量化、多功能方向发展，混合型自行车是发展的方向；高档车向变速、健身型方向发展；自行车消费越来越讲究文化，品味要求越来越高；设计的作用将更加突出，优秀的设计将推出体现人体特点、民族风格、时代个性的崭新系列产品；新型材料将普遍被采用。概括起来是功能综合化、自重轻量化、操纵方便化、款式多样化。

7.2　玩具的极限

我国自行车从工具向玩具转变，已是个难以改变的趋势，然而工具向玩具转变时，它有没有个极限？它不断向前发展究竟会变成什么样子？会不会完全脱离自行车的外形？会不会出现没有轮子的"自行车"？会不会有不用脚踩的自行车？会不会有能在水上、空中骑行的

"自行车"？这些问题似乎有点遥远，但是随着科技的迅速发展，任何设想都有可能成为现实。

7.3　电动自行车的崛起

被称为绿色环保产品的电动自行车也许是自行车行业开发新产品中最大的热点，电动自行车是当今世界范围内流行的一类新车种，它是个整体概念，不是电动＋自行车的简单组合，是既有别于普通自行车，又有别于摩托车的一类概念新颖、思维独特的环保节能两轮车。这类新车种不仅有利于减少城市大气污染，减少城市道路噪声，而且有利于逐步替代污染严重的燃油助力车，利于市民出行。电动自行车顺应世界环保、节能潮流，作为交通工具，自身又有许多自行车无法比拟的优越性，如省力、快捷、安全、方便又比较"干净"，易爬坡、长距离骑行，在今后电动自行车的崛起无疑会对自行车的发展产生巨大影响。

在经济发展、科技进步的同时，环境污染等问题日趋严重。在环保意识逐渐增强的今天，自行车等绿色、无碳出行方式受到大众的关注。针对自行车这一交通工具，人们对其要求也越来越高。除了自行车本身只适合近距离使用的限制因素外，还有自行车道少、自行车道要求高、安全保障不足等问题，这使得人们寻求更加省力快捷方便的绿色出行工具。因此电动自行车正逐步成为人们绿色出行的热点工具，电动自行车的崛起是工业设计的产物，也是时代发展的结果。

中国的电动自行车行业起始于20世纪90年代。此阶段主要是对于电动自行车的法律法规的探讨，对于电动自行车的科学研究。面对当时的情形，很多厂家与国内高等学府合作，进行电动自行车的设计研究与实验。清华大学便是其中之一。当时电动自行车都是用来出口。

21世纪前五年是电动自行车井喷式发展的时期。这五年中，随着电动自行车性能的进步和相关法律法规的完善，电动自行车迎来了快速发展阶段。电动自行车逐步替代了自行车、摩托车，成为人们日常出行使用最多的交通工具，如图7.1所示。这个阶段，人们对电动自行车的诉求，引发了设计师对电动自行车的不断改良设计。各种厂家百花齐放，不断推动着电动自行车行业走向繁荣。南北方品牌的良性竞争，也促进了电动自行车技术的发展。从喷漆到结构都有了长足的进步，给电动自行车行业带来更多的新鲜血液，满足用户的各种需求。在重量、电池、造型、烤漆、材料等方面，让用户体验更好的便捷性、行驶距离、审美、性价比等，整个行业蒸蒸日上。

图7.1　电动自行车

2005—2020年属于电动自行车的超速发展阶段，随着企业的技术竞争越来越激烈，电动自行车行业不断推动技术进步。蓄电池寿命和容量比以前至少提高了35%，电机也开始由无刷高效电机代替之前的低效电机，使用时间延长了5倍，电机效率提高了将近35%。相较于以前，现在的电动自行车可以承载以前重量的3.5倍，而用户购买价格却降低了至少21%。目前，中国轻型电动车产销量已经占全球的90%以上，中国已经成为全球最大的轻型电动车生产国、消费国和出口国。

自2020年开始，一些欧洲的发达国家就在倡导"城市无车化"，如图7.2所示，这将是电动自行车转型发展的一个关键节点。

图7.2　城市倡导无车化

2020年之后更是推出了未来电动自行车的设想——"智联化"，如图7.3所示。经历了多年的发展，中国电动自行车行业在5G、大数据、数据云、AI的新技术影响下，开始走上智联的道路。

图7.3　电动车智联化设想

公共自行车、共享自行车在我国已发展非常成熟，绿色出行、低碳出行在缓解城市交通拥挤、打通出行"最后一公里"方面，将是未来长期需要考虑和解决的问题。共享电动自行车以电力驱动为主、人力驱动为辅，使用"物联网＋互联网"技术，有效发挥自行车和电动车两者优点，在节约时间、便利等方面比现有共享自行车更具优势，共享电动自行车在我国发展非常迅速，如图7.4所示。有数据显示，当前我国有超1000个城镇投放了1000万辆电动自行车，用户规模已超2亿人，国家层面也在陆续出台共享电动自行车交通安全管理、安全性能约束、停放区域设置等相关规范和政策，这有助于推动共享电动自行车可持续、高质量发展。

图7.4　共享电动自行车

7.4　2050年自行车角色畅想

世间万物都在变化，不断地有新事物出现，也会不断地有事物消失，相比于人类的发展历史，自行车的发展历史微不足道，那么自行车会消失吗？到21世纪中叶自行车会发展成什么样子？我们来畅想下未来自行车会扮演什么角色存在于人们日常生活中。

随着自行车逐渐被电动自行车等新型交通工具替代，人们对于自行车也有了更多的展望。未来的自行车在功能造型等方面都会有许多新的元素加入。设计师会跟随时代进步的步伐，加入不同的结构、元素来创造改良自行车的造型。在智能化的潮流下，未来也会出现更多智能自行车。

自行车的角色演进

如图7.5所示为奥迪概念自行车。与电动自行车不同，它不是单纯的电动，没有去除人力的方式，保留了自行车大部分的结构，它加入了电动的动力方式，使骑行更加省力、方便。整体采用了质量更小、更加牢固的新型材料，不仅降低了重量，还确保了车身的稳定，保证骑行者的安全。它的整体造型十分新颖，科技感十足。这款概念自行车舒适、省力、美观，它的特点是人力和电力的混合动力方式，在使人更加方便的同时，也保留了人骑车的魅力。加入了智能、科技的元素使得整体动感十足，使人有更好的骑行体验。

图7.5　奥迪概念自行车

未来自行车的动力除人力外，还会有更多可能性，如图7.6所示为雷克萨斯概念自行车，它同样拥有科技感十足的造型，采用太阳能作为

图7.6　雷克萨斯概念自行车

混合动力之一。其实现难度更大，也更加绿色无污染。这两款设计都有一个共同点，即增加一种混合动力，造型更加时尚科技，降低人力的消耗，从而使得人的骑行体验更加舒适，自行车本身更具有产品魅力。

在功能上，智能化的应用也会给自行车角色带来更多创新的使用场景。当下最能改善人们生活的产品便是智能产品，5G、大数据、北斗卫星系统、云数据等一系列技术可以使未来自行车智慧、智联出行成为可能，比如我们可以根据路况选择合适的自行车道，提供骑行速度提示，还可以通过智能系统了解自己的骑行距离、消耗卡路里数据、自动导航等。不仅方便出行，还可以增加自行车的安全性。

到2050年，自行车究竟会成为什么样呢？也许自行车骑行功能逐渐淡化，自行车也不再局限于现有的造型，出现更多有创意的外观造型，或更加简约，或仿生设计，或异形设计，如图7.7、图7.8所示，或成为一种"艺术品"，供人收藏鉴赏。抑或自行车外观完全脱离现有的两轮形式，在骑行方式上也发生很大改变。

图7.7　蜜蜂仿生造型自行车　　　　　图7.8　异形自行车

作为未来的交通工具，自行车在便捷、环保等方面仍有优势，作为公共交通方式的有力补充，但它的主角时代已经过去了。而作为运动、健康、娱乐的玩具，会愈发流行。时下，全民健身热情高涨，自行车运动相比于其他运动有价格低、受众广等优势。未来自行车的发展趋势，不只是为了满足人们出行的需求，而且满足人的运动需求。自行车在设计上可能不会为了省力，恰恰相反，未来自行车可能会设置多个挡位或者设置骑行方向相反，来给骑行者提供不同的阻力，以增强骑行的趣味性，如图7.9所示。

图7.9　骑行方向相反的趣味自行车

在新技术的背景下，虚拟仿真自行车运动成为可能。设计师通过实验，获取人类骑行的数据，建立仿真人体模型，寻找三个可以控制虚拟人体肌肉的控制参量。这一技术突破，实现了虚拟仿真对人体运动的基本控制。在虚拟自行车的设计活动中，建立逼真的人体数据模型，结合人体关节受力及舒适性，结合生物学和人机工程学的考量，虚拟仿真自行车不久将会成为未来自行车骑行的新模式、新方式、新技术。未来的自行车可能不再局限于自行车本身，而成为在虚拟环境下的一种可以完美复刻的行为。

参考文献

[1] 何人可.工业设计史.北京：北京理工大学出版社，1991.

[2] 王晓真.商品的故事.广州：南方日报出版社，2000.

[3] 赵荣林，周联，刘鹏，等.越跑越快.南京：江苏少年儿童出版社，1999.

[4] 中国轻工业年鉴编辑部.中国轻工业年鉴.北京：中国大百科全书出版社，1985.

[5] 杨波.中国轻工业年鉴编辑部.中国轻工业年鉴.北京：轻工业出版社，1986.

[6] 中国轻工业年鉴编辑部.中国轻工业年鉴.北京：轻工业出版社，1990.

[7] 中国轻工业年鉴编辑部.中国轻工业年鉴.北京：轻工业出版社，1991.

[8] 轻工业发展战略研究中心.中国轻工业年鉴.北京：中国轻工业年鉴出版社，1992.

[9] 中国机械工业年鉴编辑委员会.中国机械工业年鉴.北京：机械工业出版社，1987.

[10] 中国机械工业年鉴编辑委员会.中国机械工业年鉴.北京：机械工业出版社，
     1988.

[11] 中国机械工业年鉴编辑委员会.中国机械工业年鉴.北京：机械工业出版社，
     1993.

[12] 中国机械工业年鉴编辑委员会.中国机械工业年鉴.北京：机械工业出版社，
     1994.

[13] 中国机械工业年鉴编辑委员会.中国机械工业年鉴.北京：机械工业出版社，
     1995.

[14] 中国机械工业年鉴编辑委员会.中国机械工业年鉴.北京：机械工业出版社，
     1996.

[15] 中国机械工业年鉴编辑委员会.中国机械工业年鉴.北京：机械工业出版社，
     1997.

[16] 国家轻工业局.中国机械工业年鉴.北京：中国轻工业年鉴出版社，1999.

[17] 国家轻工业局.中国机械工业年鉴.北京：中国轻工业年鉴出版社，2000.

[18] 何学威.经济民俗学.北京：中国建材工业出版社，2000.

[19] [英]罗宾·科恩，保罗·肯尼迪.全球社会学.文军，等译.北京：社会科学文献
     出版社，2001.

[20] 袁方，等.社会学家的眼光：中国社会结构转型.北京：中国社会出版社，1998.

[21]沙莲香，等.社会学家的沉思：中国社会文化心理.北京：中国社会出版社，1998.

[22]韩明谟，等.社会学家的视野：中国社会与现代化.北京：中国社会出版社，1998.

[23][法]让·波得里亚，张一兵.消费社会.南京：南京大学出版社，2000.

[24]于琨奇，花菊香.现代生活方式与传统文化.北京：科学出版社，1999.

[25]管善扬，解直泰.自行车趣谈.北京：新时代出版社，1990.

[26]王鸿勋.凤凰三十年.上海：上海社会科学院出版社，1988.

[27]上海自行车厂厂史编写组.永久1940—1990.上海：三联书店上海分店，1990.

[28]叶之庚，冯启贻，钱廷芳，等.自行车手册.上海：上海科学技术出版社，1989.

[29][美]约翰·凯利.走向自由——休闲社会学新论.赵冉译，季斌校译.昆明：云南人民出版社，2000.

[30]吕智敏.话语转型与价值重构——世纪之交的北京文学.北京：北京出版社，2002.

[31][美]加勒特·哈丁.生活在极限之内——生态学、经济学、人口禁忌.戴星翼，张真，译.上海：上海译文出版社，2001.

[32]尹向东.我国新消费时代的主要特征和表现.求索，2005(08):12-14.

[33][法]弗雷德里克·赫兰.自行车的回归:1817—2050.乔溪，译.北京：中国社会科学出版社，2018.

[34]成伯清，李林艳.消费心理.南京：南京大学出版社，1994.

[35]天空.历史中的自行车.中国自行车，2017(08):72-82.

[36]王芳，金东，丁韬，等.仿生概念电动自行车造型设计.机械设计，2016,33(03):3.

[37]于佳.概念自行车造型美学研究[D].长春：吉林大学，2014.

[38]刘馨然.概念自行车的造型设计与实践[D].济南：齐鲁工业大学，2020.

[39]倪捷.电动自行车产业20周年发展历程回顾与展望.电动自行车，2018(12):25-26.

[40]赵学忠.未来电动自行车行业的发展趋势.电动自行车，2018(12):31-32.

[41]宫辰，冯超.浅谈自行车动力学原理.中国自行车，2018(09):68-69.

[42]陶江.情感化设计在自行车产品设计中的应用研究[D].长春：长春工业大学，2018.

[43]郭鑫昆，肖辉阳.都市休闲自行车设计.中国美术研究，2018(01):162.

[44]赵学忠.未来电动自行车行业的发展趋势.电动自行车，2018(12):31-32.

[45]王凯莉.共享微型电动车造型设计研究[D].长春：吉林大学，2019.

[46]陈晶.电动自行车发展趋势.林业机械与木工设备，2017(4).

致谢

　　本书完稿之时，受到多位良师益友的帮助，他们或给予书稿宝贵的意见和建议，或提供珍贵的资料，或帮忙收集整理相关数据、图片。他们分别是刘观庆教授、刘星副教授、周晓江副教授、俞书伟副教授、李若怡同学、罗梦婷同学、张信同学、吴奇凡同学、廖灵菲同学。

　　感谢所有曾予我启迪、教诲，为我提供帮助的朋友，在此一一谢过。

后记

　　对于我国20世纪50～70年代的人来说，每个人心中或多或少都有一段有关自行车的深刻记忆，自行车作为家庭重要的交通工具，影响了几代人的成长。而作为生于20世纪70年代的我来说，与自行车发生的点滴同样记忆犹新。

　　小时候非常羡慕有自行车的人，更羡慕会骑自行车的人，因为在20世纪80年代，并不是每个家庭都拥有一辆自行车。第一次接触自行车，是我父亲的28英寸永久牌载重自行车，大概在小学二三年级的时候，我用这辆自行车，从单脚踩上踏板溜边滑行平衡、到单脚滑出三五米，再到另一只脚斜放在另一个脚踏板上半圈幅度骑行，最后再整圈骑行，我花了至少半年时间才学会骑自行车，磕磕碰碰，胳膊、膝盖、手掌等地方因为学骑自行车经常受伤，有时还因为车身太大太重（小学二三年级的我和28英寸载重自行车差不多高，而且那时候自行车用的材料都是好的钢材，一辆自行车车身有五六十斤重），控制不好，直接从晒稻谷的禾场或马路上摔到旁边地势低好几米的水稻田里去，这个学骑自行车的记忆太深刻了，很多细节历历在目却弥足珍贵。

　　父亲的这辆载重自行车是我们家的第一辆自行车，也是我们家的"功臣"，把菜地里的菜运到县城去卖、拉肥，承担家里各种运输任务20多年，自行车的质量还完好如初。

　　我印象中自己的第一辆自行车是父亲在我小学一年级时答应送我的小升初的礼物，因为初中学校离我家有点远，前提是我要从小学一年级开始每天放学后在干农活的基础上增加放牛的任务，而且要从一年级放牛到五年级，从一只小牛犊养到一只大水牛，每天在期盼拥有自行车的梦想中日复一日地放牛，最终这个自行车礼物父亲并没有兑现，因为那时候家里已经有两辆自行车了，另一辆是我母亲的飞鱼牌自行车。

和自行车的故事持续到研究生求学阶段，即2000年初，我有幸进入捷安特（昆山）有限公司实习，以设计师的身份进行自行车设计，在这期间收集到大量、全面、权威的自行车相关资料，了解到我国自行车的发展状况，促成了本书的撰写。

今天，每个人心中都有自行车的故事，不管自行车是以什么角色出现在人们生活中，并且每个人都能和自行车发生故事，这恰恰是自行车本身的魅力所在，它在见证社会的变迁、见证人们生活方式的改变、见证人类文明的发展。

本书观点仅一家之言，因作者水平有限，不足之处，敬请广大读者指正批评。